Ceconi, Instrumentenflug Praxis

In Anerkennung der Förderung des Sicherheitsdenkens
und der Sicherheitsdiskussion
in der allgemeinen Luftfahrt ausgezeichnet mit dem

**Würdigungspreis**

des Österreichischen Kuratoriums für Flugsicherheit.

Leonhard Ceconi

# Instrumentenflug Praxis

Das Fliegen nach Instrumentenflugregeln
mit Sport- und Geschäftsreiseflugzeugen

Motorbuch Verlag Stuttgart

Einband: Siegfried Horn
Umschlagfoto: Dr. Lothar Beckel

Alle Zeichnungen: Dr. Leonhard Ceconi

ISBN 3-87943-667-3

2. Auflage 1982

Eine Abteilung des Buch- und Verlagshauses Paul Pietsch GmbH & Co. KG.

Satz und Druck: Verlagsdruckerei Carle, 7143 Vaihingen (Enz).
Bindung: Verlagsbuchbinderei Karl Dieringer, 7000 Stuttgart 1.
Printed in Germany.

# Inhalt

# Vorwort

*Sicherheit* bedeutet die große Verpflichtung aller aktiv Beteiligten der Zivilluftfahrt.

Die Anforderungen an die Sach- und Gesetzeskenntnis eines Flugzeugführers, besonders auf der höheren Ebene des Instrumentenfluges, sind äußerst umfangreich. Der Gesetzgeber verlangt ein breites theoretisches Fundament, und die Ausbildung in Theorie ist entsprechend umfassend.

Was aber manchmal noch schwieriger zu erringen ist, stellt das sichere praktische Können und die Ableitung richtigen Verhaltens aus theoretischen Kenntnissen dar. Mit dem Sinnspruch „aus Schaden wird man klug" läßt sich in der Fliegerei nichts anfangen, der Schaden als Erfahrungsquelle ist mit allen Mitteln auszuschließen.

Das Fliegen nach Instrumentenflugregeln nimmt heute immer mehr zu, die kleineren mehrmotorigen Geschäftsreiseflugzeuge und Sportflugzeuge, die auch bei Schlechtwetter ihr Ziel ansteuern, sind aus der Luftfahrt nicht mehr wegzudenken.

Der Verfasser brachte eine Schatztruhe praktischer Flugerfahrung mit theoretischen Grundlagen des Instrumentenflugs zu einem Ganzen verwoben so zu Papier, daß diese Arbeit einen eindringlichen Leitfaden darstellt, wie auch mit leichten Luftfahrzeugen sicherer geflogen und mancher Flugunfall vermieden werden könnte.

Ich wünsche diesem Buch allen Erfolg und Beachtung.

Weil i. Schönbuch (Württ.), Sommer 1979 Erich Hartmann

# Anmerkung des Autors

Diese Schrift ist kein IFR-Verfahrenslehrbuch, hier sei auf die Literatur im Anhang verwiesen – sondern sie soll dem angehenden IFR-Piloten oder auch IFR-Scheininhaber eine Anregung und Hilfe dazu sein, wie man den Instrumentenflug in der Praxis nun eigentlich angeht, was man über die IFR-Theorie hinaus beachten muß und wie man die praktische Pilotenarbeit systematisieren kann. Der unmittelbare Anlaß zur Verfassung dieses Buches waren tödliche Unfälle im Bekanntenkreise bei IFR-Flügen, wobei nach Wahrnehmung des Verfassers insbesondere das Vermögen fehlte, aus dem IFR-Wissenswust zu selektieren und praktische Prioritäten zu setzen. Da in einem großen Teil der IFR-Literatur wohl umfassende Theorie, gute geometrische Zeichnungen, aber nichts darüber zu finden ist, wie man dann das auch fliegt, was man vor allem *nicht* macht und wie man mit Wetter und Vereisung fertig wird, soll diese Schrift dazu beitragen, eine Lücke für die IFR-Praxis zu schließen.

Salzburg, im Juni 1979 — Dr. Leonhard Ceconi

# Einführung

Die Technik des Fliegens und besonders die des Instrumentenfliegens mit kleineren zweimotorigen Flugzeugen ist praktisch durch alles beeinflußt, was wir über die Flugtechnik und IFR wissen, man kann aber drei große Bereiche herausgreifen, die diese Technik insbesondere markieren:

1. die Leistungsgrenzen sowie die Instrumentierung des Flugzeuges

2. das Können und die persönlichen Grenzen des Piloten, und

3. die Schranken des Wetters.

KAPITEL 1

# Die Leistungsgrenzen und die Instrumentierung des Flugzeuges

## DIE „RECHNE MIT DER SCHWÄCHE" -REGEL

Zweimotorige Flugzeuge sind durch eine zusätzliche Sicherheit charakterisiert, die der zweite Motor zweifelsohne bietet. Diese zusätzliche Sicherheit wird besonders bei Nachtflügen und bei Flügen über offenes Meer zu schätzen sein.

Gleichzeitig sind viele leichte 2-Mots aber durch eine beachtliche Leistungsbegrenzung gekennzeichnet, wenn ein Motor einmal tatsächlich ausfallen sollte. Diese Begrenzung solcher Geschäftsreise-2-Mots einmotorig ist frappierend, so daß jemand, der nicht richtig instruiert ist oder sich nicht mit der Frage eingehend befaßt hat, u.U. im ersten Erstaunen bei Instrumentenflug-Wetterbedingungen nicht mehr in ein solches Flugzeug einsteigen will. Eine einfache Rechnung zur Illustration:

Um ein Flugzeug im horizontalen Geradeausflug in der Luft zu halten, benötigen Sie bis zu etwa 40% Leistung. Wenn bei einer 2-Mot ein Motor ausfällt, dann haben Sie von vornherein nur mehr rd. 50% Ihrer Gesamtleistung. Wenn Sie zum Höhehalten schon 40% benötigen, dann bleiben Ihnen logischerweise zum Steigen nur mehr 10% der Gesamtleistung übrig.

Mit anderen Worten: Wenn bei einer kleineren 2-Mot ein Motor ausfällt, dann verlieren Sie bis zu ca. 90% der Leistung für das Steigen, es stehen Ihnen also in ungünstigen Fällen nur mehr ca. 10% Ihrer sonstigen Gesamtkraft zum Steigen zur Verfügung. Das müssen wohl für einen 2-Mot-Piloten Zahlen sein, die zu denken geben. Unfälle bei 2-Mots sind relativ seltener, wenn aber, dann schlimmer als bei 1-Mots. Erstens sind doch höhere Massen im Spiel, und zweitens zieht der asymmetrische Schub bei Schwierigkeiten mit einem Motor ein typisches Unfallcharakteristikum nach sich, den Überzieh/Trudelunfall, der in Bodennähe fatal ausgehen kann.

Das fehlerhafte Überziehen kommt dadurch zustande, daß bei Ausfall eines Motors selbst bei bloßem Halten der Höhe mehr als die Hälfte der Leistung verloren geht. Infolge des Gegenhaltens gegen den asymmetrischen Schub und den damit verbundenen aerodynamischen Verlusten verlieren Sie weiter bis zu 4%. Dann kommt der asymmetrische Schub voll zum Zug und leitet das Abtrudeln ein.

Ein schweizerischer Linienpilot erfand im Zusammenhang mit den Problemen der Vereisung folgenden Merkspruch:

- „Versuchen Sie bei Vereisung *nie* mit Gewalt die Höhe zu halten, dann ist sie nämlich gleich ganz weg."

Der gleiche Merksatz gilt bei Motorproblemen in niedriger Höhe:

Es ist besser gut angeschnallt und gesteuert in einen Gemüsegarten hineinzulanden, als abgeschmiert und abgestürzt mit Aufschlagbrand.

Die leichteren 2-Mots bieten sicherlich, wie oben erwähnt, beachtliche Sicherheitsvorteile in der Reiseflugphase, aber zumindest für ein kritisches Stück der Startphase soll Ihnen klar sein, daß Sie eigentlich nur ein einmotoriges Flugzeug haben. Tröstlich ist in diesem Zusammenhang die Erfahrungstatsache, daß der Bau von Motoren für die Flugzeuge der allgemeinen Luftfahrt heute technisch beherrscht erscheint und diese Motoren in der Praxis störungsfrei laufen.

Für die nachstehenden Ausführungen seien zunächst folgende Begriffe definiert:

## BEGRIFFSDEFINITIONEN

$V_{MC}$ Minimum control speed (Einmotoren-Steuermindestgeschwindigkeit). Diese Geschwindigkeit sagt nichts anderes, als daß Sie hiebei bei Ausfall eines Motors den asymmetrischen max. Schub und ungleichen Auftrieb an den Flächen mittels des Seitenruders und der Querruder noch ausgleichen können, bei voller Startleistung des noch arbeitenden Triebwerkes. Sie können bei $V_{MC}$ also noch geradeaus fliegen, aber es wird in keiner Vorschrift gefordert, daß das Flugzeug Höhe halten, geschweige denn steigen könnte. Das Unterschreiten dieser Geschwindigkeit im echten oder simulierten Einmotorenflug bedeutet höchste Gefahr.

$V_X$ Best angle-of-climb speed (Geschwindigkeit für steilstes Steigen). Die Geschwindigkeit für steilstes Steigen ist diejenige, bei der das Flugzeug pro Strecke über Grund die größte Höhe erreicht. Das ist die beste Geschwindigkeit zum Überfliegen von Hindernissen längs der Flugbahn.

$V_{XSE}$ Best angle-of-climb speed single engine (Geschwindigkeit für steilstes Steigen im Einmotorenflug).

$V_Y$ Best rate-of-climb speed (Geschwindigkeit für bestes Steigen pro Zeiteinheit).

$V_{YSE}$ wie oben, jedoch single engine.

$V_X$ ist immer die kleinere Geschwindigkeit. $V_Y$ kommt nachher. Die Geschwindigkeit für bestes Steigen bringt den größten Höhengewinn pro Zeiteinheit. Die wirtschaftlichste Steiggeschwindigkeit wird meist über der $V_Y$ liegen.

$V_{SO}$ Stall speed in the landing configuration oder „stall speed dirty" (Überziehgeschwindigkeit in Landekonfiguration). Sollte diese Geschwindigkeit beabsichtigt oder unbeabsichtigt erreicht werden, sind sofort die Gegenmaßnahmen zur Beendigung dieses Flugzustandes einzuleiten. Abschmieren ist wegen der anschließenden Trudelgefahr unbedingt zu vermeiden.

$V_1, V_R, V_2$ Diese Begriffe treffen bei leichteren 2-Mots nicht zu. Genaue Definition siehe im Anhang unter Abkürzungen und Definitionen.

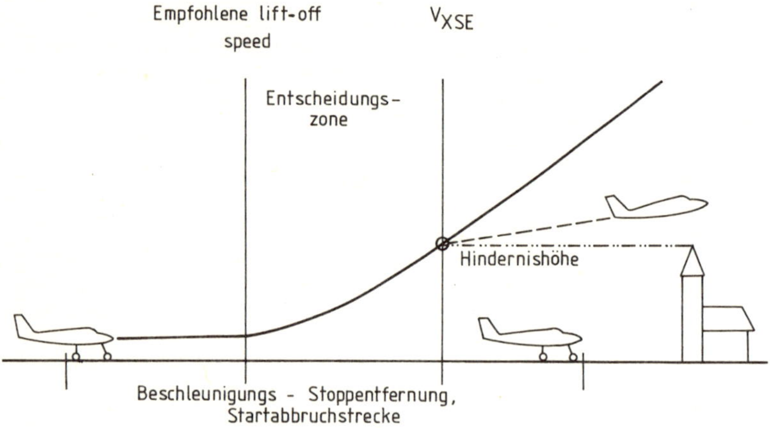


**Beschleunigungs-Stoppentfernung, Startabbruchstrecke**

Das obige Startprofil (siehe z.B. ein Betriebs-Handbuch für Cessna 310) zeigt folgendes:

Beschleunigungs-Stoppentfernung: dies ist die erforderliche Mindeststrecke, in welcher man nach Beschleunigung bis zur sicheren Einmotoren-Mindestgeschwindigkeit („recommended safe single-engine speed“) auf der Startbahn wieder zum Stehen kommen kann (siehe Tabellen in den Betriebshandbüchern). Die Feststellung dieser Strecke und Prüfung, ob die Startbahnlänge ausreicht, ist für die Beurteilung der Sicherheit des Startvorganges unerläßlich.

Zone der Entscheidung: diese liegt zwischen der „empfohlenen, sicheren Einmotoren-Geschwindigkeit“ und dem Punkt, an welchem die Hindernishöhe erreicht ist. Bei Motorausfall unter der Einmotorenmindestgeschwindigkeit ist der Start auf jeden Fall abzubrechen; in der Entscheidungszone muß der Pilot die Entschlüsse fassen, entweder wieder aufzusetzen und zu bremsen oder mit $V_{XSE}$ bis zum Hindernis und dann mit $V_{YSE}$ in die Platzrunde zu gehen; nach Erreichen der Hindernishöhe aber wird es bei den meisten Rollbahnen kein Zurück mehr geben: man muß weiterfliegen.

Denken Sie daran, daß die von Geschwindigkeiten abhängigen Daten in Betriebshandbüchern nur dann stimmen, wenn man diese Geschwindigkeiten auch genauestens einhält.

Im Start liegt also die kritischste Zeit für den Piloten einer 2-Mot und vielfach gibt der zweite Motor nur etwas mehr Zeit und besseren Gleitwinkel, um in eine geeignete Notlandemöglichkeit hineinzukommen.

Dies ist besonders wichtig beim Setzen Ihrer persönlichen IFR-Limits für Start und Landung, denn, um in ein geeignetes Notlandefeld hineinzukommen ist Voraussetzung, daß Sie ein solches auch sehen und erkennen können.

## GRUNDREGELN DES MEHRMOTORIGEN FLIEGENS

Nun zu den Details:

Die amerikanische Gesetzesgrundlage für die Leistungsdaten leichter twins (= solche bis inkl. 12.500 lbs) bilden die FAR Teil 23. In diesen Bestimmungen wird nicht verlangt, daß die leichteren zweimotorigen Flugzeuge unter 6.000 lbs TOW (take-off weight) und mit weniger als 61 Kt $V_{SO}$ mit einem Motor noch steigen können (wenn auch konstruktiv möglich und zuweilen gegeben), ja, es ist nicht einmal verlangt, daß diese Flugzeuge mit einem Motor die Höhe halten können. Es gibt für die leichten 2-Mots die FAR-Definition der $V_{MC}$ mit 1,2mal der Überziehgeschwindigkeit, bei Klappen in Startstellung und in Seehöhe. Und nun gibt es einen sehr interessanten Aspekt: $V_{MC}$ ist kein fester Wert in Knoten, sondern wechselt mit den Bedingungen: bei inem hohen und heißen Flughafen wird $V_{MC}$ nicht höher, sondern sinkt! Das wird klar, wenn man sich folgendes überlegt: die Luft ist dünner, damit die Motorleistung schlechter und $V_{MC}$ ist einleuchtend niedriger als in dichterer Luft. Jedoch folgendes tritt gleichzeitig ein: die Überziehgeschwindigkeit klettert! Wir haben also das Phänomen, daß $V_{MC}$ absinkt und $V_{SO}$ steigt.

Das geht soweit, bis $V_{MC}$ und Überziehgeschwindigkeit gleichzeitig erreicht werden, das Flugzeug kippt ab und trudelt. In den USA hat einmal eine Flugschule in einem Jahr zwei Maschinen samt Lehrer verloren, weil diese den Schülern $V_{MC}$ demonstrieren wollten.

Gemäß FAR Part 23 brauchen lediglich leichte 2-Mots über 6.000 lbs oder mit einer $V_{SO}$ höher als 61 Knoten überhaupt eine Einmotorensteigleistung zu demonstrieren, und das Erfordernis ist ziemlich gering: im Prinzip besagt das Gesetz nur, daß solche Flugzeuge eine Einmotoren-Steigfähigkeit in 5.000 Fuß (ISA) mit dem Propeller des ausgefallenen Motors in Segelstellung und in clean configuration (aerodynamisch reiner Konfiguration) zeigen müssen. Dabei ist die erforderliche Steigrate mit $0{,}027 \times V_{SO}^2$ bestimmt. Eine der Cessna 310 wiegt zwar unter 6.000 lbs, hat aber eine Überziehgeschwindigkeit von etwa 63,9 Knoten, womit sie obige „Enroute"-Einmotoren-Steigleistung erfüllen muß. $0{,}027 \times 63{,}9^2$ ergibt 110 fpm (feet per minute) Steigrate!*)

Es kann nicht genug auf die Leistungsgrenzen im Einmotorenflug bei leichteren Flugzeugtypen hingewiesen werden. Eine Pilotenschule verdeutlichte ihren Schülern den Problemkreis mit der drastischen Vorstellung, daß manche leichte 2-Mot selbst bei 1-Mot-Steigfähigkeit, vollbeladen, ab dem Abheben bis etwa 500 Fuß über Grund fast mit einem einmotorigen Flugzeug vergleichbar sei, dessen Motor man halbiert und auf jede Fläche eine Hälfte gesetzt hat. Erst ab dieser Höhe könne man sagen, daß man in der Praxis bei Ausfall eines Motors nach nachdrücken, „feathern" und clean-aircraft mit dem einen verbleibenden Motor voll flugfähig ist.

*) Richard N. Aarons: „Always Leave Yourself An Out", Nachdruck, Department of Transportation, Federal Aviation Administration, General Aviation Accident Prevention Program, Ziff-Davis Publishing Company, USA

Entscheidend kann sein, ob man schwer oder leicht beladen ist, und wie es mit dem Bodenwind und der Luftdichte steht. Wenn man sich überall an den Leistungs-Grenzwerten bewegt, bleibt kein Spielraum für eigene kleine Fehler oder Reaktionszeit mehr. In Anlehnung an R. Aarons können etwa folgende Grundregeln für mehrmotoriges Fliegen aufgestellt werden:

1. Fliegen Sie niemals unter $V_{MC}$, außer beim Aufsetzen.

2. Fliegen Sie niemals mehrmotorig eine Geschwindigkeit für steilstes Steigen, welche unter $V_{MC}$ liegt, außer im äußersten Notfall (z.B. bei einem auf andere Weise nicht meidbaren Hindernis).

3. Heben Sie entweder bei empfohlener lift-off speed oder $V_{MC}$ plus 5 Knoten ab, je nachdem welche die Höhere ist. (Beachte den Schubkarreneffekt: nicht durch Drücken auf dem Bugrad allein rollen, wenn der Auftrieb das Flugzeug bereits unter den genannten Geschwindigkeiten emporheben will, sondern dann nieder über der Rollbahn fliegend die entsprechende Fahrt aufbauen.)

4. Steigen Sie möglichst zwischen mindestens bester Einmotoren-Steiggeschwindigkeit und bester Mehrmotoren-Steiggeschwindigkeit. Sie werden nun fragen, warum nicht schneller? Auch Überfahrt bringt nichts, denn diese ist sofort verbraucht, wenn ein Motor etwas hat. Hier spielt die Regel herein, daß im Startvorgang ein Höhenüberschuß wichtiger ist als ein Fahrtüberschuß.

5. Seien Sie skeptisch gegenüber angegebenen Leistungsdaten. Flugmotoren haben Charaker, ist ein alter Fliegerspruch. Denken Sie daran, daß ein Flugzeug ein Serienartikel ist, und in einer Serie gibt es bekanntlich schwarze und weiße Schafe. Das Flughandbuch aber mit seinen Leistungstabellen ist sicherlich auf ein optimales Erzeugnis abgestellt, denn ein Flughandbuch ist bekanntlich nicht nur Informationsmittel, sondern schließlich auch eine Art Verkaufsprospekt.

*Zusammenfassung*

1. Der Ausfall eines Motors bedeutet in etwa Seehöhe den Verlust bis ca. 90% der für das Steigen sonst verfügbaren Leistung. (Es kann z.B. eine Steigrate von 1.500 fpm auf ca. 150 fmp zurückgehen.)

2. Für die kleineren Part 23 2-Mots gibt es kein gesetzliches Erfordernis mit einem Motor die Höhe zu halten, geschweige denn zu steigen.

3. Es ist lebenswichtig, alle Leistungsdaten vor dem Start zu kennen, also Beschleunigungs- und Stoppentfernung für Flugplatzhöhe, Temperatur, Wind und Abfluggewicht, sowie Länge der Startbahn, Höhe der Hindernisse und Steigrate gemäß den herrschenden Bedingungen. Nebenbei ein kleiner Tip bei Seitenwind: stellen Sie sich die Kursmarke noch am Boden unter Berücksichtigung des zu fliegenden Luvwinkels ein — Sie fliegen den Abflug genauer und bleiben innerhalb der Schutzräume.
   Noch ein Hinweis: take off data in den Handbüchern sind für max. take off power gerechnet. Das heißt also: einbremsen, full throttle, EGT einstellen, lt. Handbuch „enrichen", — jetzt erst haben Sie full take-off power! Einen full take-off power Start (vulgo und vereinfacht: „standing take-off", stehender Start) macht man nicht nur auf kurzen Rollbahnen, sondern auch dann, wenn die Sichtbedingungen nahe den Start-Minima liegen, bei denen lange Rollstrecken sodann gefährlich sind. Sie müssen daher trachten, so rasch wie möglich vom Boden wegzukommen.

4. Heben Sie bei mindestens empfohlener lift-off speed bzw. bei $V_{MC}$ plus 5 Knoten ab und bei nicht mehr als $V_Y$.

5. Ihre persönliche IFR-Minima sollen die Faktoren eines Motorausfalles berücksichtigen.

6. Legen Sie sich einen Aktionsplan für sämtliche Notfälle zurecht, die Ihnen irgend möglich erscheinen.

Wenn Sie nun einen Reiseflug mit einem zweimotoren Flugzeug ausführen, welches tatsächlich eine einmotorige Dienstgipfelhöhe aufweist, dann ist es sinnvoll, die Sicherheit des zweiten Motors im Instrumentenflug auch wirklich zu nützen. Dazu ist es nötig, einmal die Höhe des zu überfliegenden Terrains und die absolute einmotorige Gipfelhöhe zu vergleichen. Der Ausfall eines Motors im Reiseflug bedeutet ja, daß Sie auf die 1-Mot-Gipfelhöhe absinken. Liegt nun das Terrain über der 1-Mot-Gipfelhöhe und in Wolken, dann ist bei Motorausfall der Aufschlag unvermeidlich, es sei denn, daß Sie im Einmotorengleitflug niedrigeres und freies Gelände erreichen können. Damit kommen wir zum Begriff des Drift-down-Verfahrens.

## DAS DRIFT-DOWN-VERFAHREN

Wenn Sie die technischen Daten eines Flugzeuges anschauen, das einmotorig steigen kann, so werden Sie in der Tabelle des Einmotorensteigfluges in größeren Höhen negative Steigwerte finden. Den Steigwerten sind optimale Geschwindigkeiten zugeordnet, und damit haben Sie die Werte für den Drift-down. Sie können sich damit in etwa und grob ausrechnen, welche Flugfläche Sie bei einem Instrumentenflug über hohem Terrain wählen müssen, um bei Ausfall eines Motors noch niedriges Gelände erreichen zu können. Dies ist besonders bei Alpenüberquerungen zu beachten, sowie auch die weiter rückwärts behandelten PNR-Formeln.

Als Haupt-Fazit dieses Kapitels möchte ich somit die „Rechne mit der Schwäche"-Regel als Merkregel kreieren.

## ZUR IFR-INSTRUMENTIERUNG DES FLUGZEUGES

Was die *Instrumentierung* des Flugzeuges anbetrifft, so beachten Sie, daß diese zuweilen entscheidend für die Flugplanung und entscheidend für die Planung des Ausweichflughafens sein kann.

Es gibt Plätze, die (sicher bzw. legal) ohne 2 ADF nicht anfliegbar sind.

Ohne DME ist das Wolkendurchstoßverfahren in Innsbruck/Österreich nicht fliegbar.

IFR ist also nicht immer gleich IFR, ein seriöses Überdenken der Aufgabe im Vergleich zu den zur Verfügung stehenden Möglichkeiten läßt oft die Lösung finden, die Ihren Passagieren die Gesundheit und Ihnen den Pilotenschein erhält. Die unterschiedliche gesetzliche IFR-Mindestausrüstung in den einzelnen zu befliegenden Staaten ist ebenfalls zu beachten.

Wenn man vielerlei Flugzeuge fliegt, ist für die Praxis der Gerätehandhabung auch zu bedenken, daß die Schaltvorgänge seitens der einzelnen Gerätehersteller oft unterschiedlich konzipiert sind, und man besonders vor einem IFR-Flug mit der Instrumentierung und der Lage der Bedienungselemente völlig vertraut zu sein hat.

Im Falle man ein IFR-zuzulassendes Flugzeug besitzt oder kaufen will und vor der Wahl der Instrumentierung steht, so ist es zweckmäßig, sich von folgenden Grundsätzen leiten zu lassen:

1. Es ist besser eine einfache verläßliche IFR-Grundausrüstung, als abgenützte Supergeräte zu haben; und

2. Es ist besser finanzielle Mittel und damit Qualität auf Erst- und Zweitgeräte tunlich gleichmäßig zu verteilen, als sehr teure Erstgeräte mit unzuverlässigen Zweitgeräten zu kombinieren.

So, wie man nach der „Mißtrauensregel“ mittels scanning ein Gerät mit den anderen zu kontrollieren hat, ist bei der Instrumentierung eines Flugzeuges darauf Bedacht zu nehmen, daß aus

Sicherheitsgründen jedes Zweitgerät wirklich ein Ersatz im Falle des Ausfalls des Erstgerätes darstellt. Es hat keinen Sinn, ein kleines Flugzeug mit einem HSI-Gerät und flight director etc. auszustatten, während ein schlechtes zweites VOR ständig kaputt geht. Nehmen Sie an, es fallen Ihnen dann zufällig beide UKW-Navigationsgeräte gleichzeitig aus, und auf allen für Sie erreichbaren Flughäfen sinken die Wetterbedingungen auf Minima. Wenn dann Ihr ADF auch nicht gut geht, kann dies für Sie äußerste Schwierigkeiten bedeuten.

Es ist ferner absolut zweckmäßiger, zwei einfache, gute ADF einzubauen, auch wenn dies nicht gesetzlich vorgeschrieben ist, als nur ein einziges. Es gibt nämlich Streckenabschnitte und Anflüge, die nur auf NDB ausgelegt sind. Sie können dort überhaupt nicht mehr IFR fliegen, wenn Ihnen Ihr einziges, noch so teures ADF ausfällt. Auch die Kombination eines einzigen künstlichen Horizontes mit einem Wendezeiger ist aus Sicherheitsgründen nicht zu empfehlen. Jeder Segelflieger mit Wolkenflugerfahrung weiß, wie schwierig ein Wolkenflug nach dem Wendezeiger alleine ist, wenn es turbulent wird. In einigermaßen gleichförmigen Luftströmungen, bei entsprechendem Trainingsstand des Piloten, ist es zwar möglich, ja es soll darin sogar möglich sein, das Flugzeug nach der Libellenkugel alleine zu stabilisieren (siehe „die große Vereinfachung“ in Nietlispach: Segelflug, im Eigenverlag, Bern). Diese angebliche Möglichkeit hört sich aber in stark turbulenten Wolkenabschnitten auf jeden Fall auf, man benötigt einen einwandfrei funktionierenden künstlichen Horizont, um die nach allen Seiten erforderlichen Ruderausschläge leisten zu können. In einem für Instrumentenflüge zugelassenen Motorflugzeug ist daher ein zweiter Horizont, vorzugsweise auf der Copilotenseite, zu empfehlen. Der geringe Aufpreis für einen kunstflugtauglichen Horizont bedeutet dabei für ein leichtes Flugzeug große zusätzliche Sicherheit. Die beiden Horizonte sollen jedoch *nicht* an die gleiche Energiequelle angeschlossen sein.

Mit einem IFR-ausgerüsteten Flugzeug ist mit Rücksicht auf die lebenswichtige Instrumentierung möglichst nur auf Hartbahnen und nicht auf Graspisten zu landen, insbesondere zur Schonung aller Kreiselgeräte.

KAPITEL 2

# Das Können und die persönlichen Grenzen des Piloten

## DIE „NICHT ALLEINE“ -REGEL

Was die persönlichen Grenzen als Pilot anbetrifft, so sei die „Nicht alleine“-Regel an die Spitze der Betrachtungen gestellt: immer mehr Privatpiloten bewerben sich um die Instrumentenflugberechtigung. Nun ist es als Privatpilot einfach nicht möglich, die gleiche Erfahrung und Routine zu sammeln, die der echte professionelle Pilot erwirbt. Man hat Untersuchungen angestellt, wonach bei einem Instrumentenabflug in der Startphase die 80-fache geistige Belastung für den Piloten auftritt gegenüber dem Losfahren mit einem Automobil. Ein Mann allein im Cockpit ist manchmal überlastet. Wenn es nicht eigens trainiert wurde, gelingt es zuweilen nicht, alle Verrichtungen und vor allem zugleich den Sprechfunk fehlerfrei durchzuführen. Irgend etwas kann zu kurz kommen, und das ist dann oft das power-setting mit den negativen Auswirkungen auf die Motoren und deren Leistung. In einem für Instrumentenflüge zugelassenen Flugzeug wissen wir, daß verschiedene Instrumente aus Sicherheitsgründen doppelt sind; Sie haben zwei Sprechfunkgeräte, zwei Höhenmesser, zwei Navigationsgeräte usw., und es wäre eigentlich nicht sinnvoll, wenn ausgerechnet das zentrale Gehirn, das alles steuert und koordiniert, prinzipiell nur einfach vorhanden sein sollte. Das Fliegen zu zweit wird besonders am Anfang der IFR-Praxis empfehlenswert sein, um Fertigkeit und Sicherheit ohne Streß zu entwickeln.

Denken Sie auch an den Begriff Pilot-incapacitation, also Pilotenausfall; es muß nicht immer gleich ein Herzinfarkt sein, aber Sie fliegen beispielsweise ins Ausland und essen etwas, woran Sie im Flugzeug dann erkranken. Das ist ein Gefahrenmoment, das leicht auftreten kann und bei einem IFR-Flug, der höhere Anforderungen stellt, unter Umständen zu einem Unfall führt. Fliegen Sie daher, wenn immer möglich, nicht allein. Partial loss of function, teilweiser Funktionsverlust, ist bei IFR bereits gravierend.

Funktionsteilung: Zweckmäßig ist, vor dem Flug mit dem Mitpiloten die Aufgabenteilung abzusprechen. Wer übernimmt für was die Verantwortung?

Wording: Vermeiden Sie leicht mißzuverstehende oder zweideutige Ausdrücke, z.B. „Flaps two five" wird irrtümlich als „flaps to five" verstanden. Das ist sehr gefährlich.

Haben Sie etwas zu tun, was Ihre Aufmerksamkeit am Steuerruder einschränkt, z.B. das Mitschreiben der Freigabe während des Rollens, so heißt es zum Mitpiloten: „your controls". Wer das Steuer übernimmt, antwortet: „my controls". Rollschäden beispielsweise gehören zu den peinlichen Vorfällen im Flugbetrieb.

## DIE „DOPPELTE SORGFALT" -Regel

Da ein Privatpilot oder auch ein privater Berufspilotenschein-Inhaber mit IFR-Berechtigung nie die Routine des echten Professionellen haben kann, muß man nachdenken, wie man diese Nachteile verkleinern kann. Damit kommen wir zur nächsten Regel, die wir „Doppelte Sorgfalt"-Regel nennen.

Darunter verstehe ich, daß jeder Flug so gut und genau wie nur irgend möglich vorbereitet und durchgeführt werden soll. Machen Sie sich ein genaues flight-log für den durchzuführenden Flug und tragen Sie sich darin zusätzlich alles ein, was für Sie auf dem Flug von Bedeutung sein kann, das sind beispielsweise: „pumps low über FL 100", oder die zu erwartenden Sprechfunkfrequenzen, falls Sie Verständigungsschwierigkeiten bekommen, oder, wann Sie die Tanks umschalten sollen. Nichts ist fataler, als auf fast leeren Hilfstanks den Anflug durchzuführen, und Ihnen bleiben beide Motoren schlagartig wenige Meter vor der Piste stehen. Einem Professionellen wird das infolge seiner Routine nicht so leicht passieren. Er wird grundsätzlich Punkt für Punkt nach check-list arbeiten.

Eine überkomplette Flugvorbereitung besteht auch darin, daß man bei einem nicht völlig vertrauten Flugzeug genügend Zeit vor Beginn der Reise eine Cockpit-Sitzung macht und die Lage sämtlicher Instrumente und Schalter wiederum lernt. Man sollte mit geschlossenen Augen auf Zuruf auf das jeweilige Instrument oder den jeweiligen Schalter ungefähr hindeuten können. Dies ist beispielsweise eine Übung in der Militärfliegerei. Wenn Sie mit dem Flugzeugtypus schon längere Zeit nicht mehr geflogen sind, ist ein Trainingsflug angebracht. Leitsatz:

- „Bei IFR darf das Flugzeug keine Belastung sein."

In der Praxis unterlaufen oft Nachlässigkeiten bei der Zusammenstellung der Flugunterlagen. Griffbereit sind nicht nur die Anflugkarten des Zielflughafens und der Ausweichflughäfen zu halten, sondern auch die der Flugplätze entlang der Flugroute für etwaige Notfälle. Luftfahrt-Navigationshandbücher im unerreichbaren Kofferraum sind nutzlos. Auch Sichtflugkarten mitnehmen!

Die Beachtung der behördlichen Berechtigungen wäre an sich Selbstverständlichkeit, aber in der Praxis gibt immer wieder zu Pannen Anlaß: fehlende Flugzeugpapiere, abgelaufene Versicherungsdaten und anderes mehr; sohin: regelmäßig alle bezughabenden Dokumente auf Vollständigkeit und Gültigkeit prüfen, und zwar vor allem *außerhalb der cockpit-checks.* Wenn nämlich dann erst festgestellt wird, daß etwas fehlt, ist ja der Flug in Frage gestellt.

Ein Berufspilot eines Bedarfsluftfahrtunternehmens, oder ein privater Berufspilotenschein-Inhaber, der nebenberuflich für ein solches Unternehmen fliegt, tut gut daran, sich auch über die Berechtigungen seiner Firma zu informieren (z.B. die Betriebsaufnahmebewilligung einsehen). Unerläßlich ist die genaue Kenntnis des „FOM", des flight operations manual, das ist die Verfahrensgrundlage des Luftfahrtunternehmens. Wenn man für ein gewerbliches Unternehmen fliegt, sind die haftungs- und damit versicherungsmäßigen Belange von größter Bedeutung. Verlassen Sie sich daher nie blindlings auf das Fräulein im Büro, sondern nehmen Sie selber Einblick in das Bordbuch, ob die Kontrollen der Werkstatt wirklich durchgeführt wurden und prüfen Sie selber, ob die Flugzeugpapiere mit Beiblättern (IFR-Zulassung!) vorhanden sind und das Flugzeug tatsächlich betankt und klar ist. Wenn nicht eine Sondergenehmigung vorliegt, darf nach dem Recht verschiedener Staaten IFR gewerblich nur mit zwei Piloten und nur mehrmotorig geflogen werden.

Die „Doppelte Sorgfalt"-Regel bezieht sich auch auf die gesamte Pflege des Flugzeuges und äußerste Sauberhaltung des Kabinenraums, der Fenster und der Außenoberfläche. Bei IFR in böigen Wetterverhältnissen schwebt der Schmutz ungereinigter Fußmatten frei in der Kabine und kommt in die Augen. Selbst bei IFR müssen die Fenster durchsichtig sein. Der illustrierende Spruch

- „Mücken kosten performance"

gilt nicht nur für die Flügelnasen und -oberflächen. Der Wert sorgfältigst gereinigter Propellerblätter für die Leistung des Flugzeuges wird in der Flugpraxis meist weit unterschätzt. Prüfen Sie daher Ihr Flugzeug speziell nach langen tiefen Flügen unter diesem Gesichtspunkt.

Machen Sie die Vorflugkontrollen besonders minuziös; Sie wissen ja nicht, ob Sie die genügend rasche Reaktion haben, wenn Ihnen etwas ausfällt.

Es soll nicht vorkommen, daß Piloten morgens vor dem Abflug, in Eile, Benzin nicht ablassen. „Benzinfirma, Tankwart und Tankfahrzeug sind ja ohnedies in Ordnung." Der Verfasser weiß dazu von folgendem Vorfall: Bei der Benzinentnahme aus einem Flächentank zeigten sich im Stechglas keinerlei Wasserblasen, alles war rein und tadellos. Allerdings roch das Benzin nicht nach Benzin.

Ein Flugzeugmechaniker wurde zugezogen und dieser ließ dann Liter um Liter reines Wasser aus dem Tank. Was war geschehen? Beim späteren Öffnen des Flächen-Tankdeckels schwamm uns ein Stück der Tankdeckel-Dichtung entgegen, und es hatte in der Nacht geregnet. Im ganzen Stechglas war nur reines Wasser.

Das passende Gerät zur Entnahme von Benzinproben (Stechgläser, Spezialschraubenzieher mit Glas) ist immer im Flugzeug mitzuführen.

Machen Sie unbedingt von den Check-Anleitungen Gebrauch. Da die checks in den Flughandbüchern nicht auf IFR abgestimmt sind, müssen Sie die Kontrollen des Flughandbuchs Ihres Flugzeuges um die zusätzlich für IFR nötigen checks ergänzen. Gewöhnen Sie sich dann auch an, *immer nach Checkliste zu arbeiten.*

**KONTROLLEN-SCHEMA (CHECKLISTS)**

Folgendes Schema kann Ihnen dabei als Gerippe dienen:

1. *„Outside check"*
Und sei es nur, daß Sie Benzin ablassen, eine etwaige Bugradgabel oder das pitot-cover entfernen.

Am Morgen: extended check.
Später: transit preparation, wenn man vorher selbst geflogen ist.
Wenn ein anderer Pilot flog: extended check.

Sagen Sie dem Mit-Piloten oder zu sich selber, wenn Sie allein fliegen, laut:

„outside check completed".

2. *„Crew at stations-check"*
Z.B. Abhören von ATIS. Departure procedure prepared? Aircraft papers, crew papers, necessary equipment (flash light, second

mike, phone, oxygen masks and hoses, emergency equipment, etc.) on board? Fuel quantity? Oxygen quantity? Locks removed?

„Crew at stations-check completed".
oder: „Crew at stations-check completed,
except ATIS (unreadable)".

3. *„Before engines start-up check"*
Z.B.: cabin door latched. Cowl flaps open. Parking brake set. Das Übersehen dieses einen kleinen Punktes führte schon zu schweren Unfällen. Nach Erledigung aller Punkte melden Sie:

„Before engines start-up check completed".

4. *„Taxi-check"*
Center line! Der Kopf geht links, rechts, centerline; Instrumente, Bremsen etc. erst, wenn man nicht mehr eingepfercht ist, und wieder: links, rechts, centerline und wieder centerline; wenn jemand aus einem toten Blickwinkel heraus Sie beschädigt, sieht die Sache rechtlich ungleich besser für Sie aus, wenn Sie genau auf centerline gemäß Freigabe gerollt sind. Beachte jedoch: Das Rollen auf dem Vorfeld (ramp) unterliegt *nicht* der Verantwortlichkeit der Flugverkehrskontrolle. Dort ist daher allergrößte Aufmerksamkeit nach außen am Platze.

Controls: free and proper movement. Schließen Sie die checks ab mit:

„taxi-check completed".

Halten Sie bereits etliche Meter vor der Stopp-Linie. Es besteht keine Notwendigkeit knapp hinzurollen, es ist gefährlich.

5. *„Run-up check"*
Schwerpunkte auch: prop-exercise, alternators.

„Run-up check completed".

Hier etwa kommt das take-off briefing. Darin wird beim Fliegen zu zweit mit dem Mitpiloten abgesprochen, welche Maßnahmen bei Motorausfall zu ergreifen sind.

6. *„Before take-off check".*
Schwerpunkte: gyros nachstellen, pitot heat/vent deice on, boosters on. Klappen: nach Handbuch. Kleine 2-Mots startet man von ausreichenden Hartbahnen am wirtschaftlichsten meist *ohne* Klappen.

„Before take-off check completed".

7. *„Take-off check".*
Schwerpunkte: power, speed.

„Take-off check completed".

8. *„After take-off check".*
Schwerpunkte: Gear checked up. Flaps checked up. Heading. Air speed.

„After take-off check completed".

9. *„Climb check".*
Gemäß Flugzeugtypus und Handbuch.

„Climb check completed".

10. *„Cruise check".*
Auch: cowl flaps closed. So wie man halblaut lernen soll, weil man dann alles um ein Vieles leichter behält, so soll man umgekehrt die checks laut vornehmen. Sie verschenken sonst die Aktivierung von im Unterbewußtsein eingebauten Warnleuchten.

„Cruise check completed".

11. *„Predescent check".*
Insbesondere: Meteo/ATIS, circuit breakers.

„Predescent check completed".

Dann kommt etwa eingeschoben das „approach briefing" (siehe unten) mit „circling altitude?".

12. *„Check for approach".*
(Etwa wenn passing TL.)

„Check for approach completed, except . . .".

13. *„Complete check for approach".*
Meist on glide path in Verbindung mit gear down.

„Check for approach completed".

14. *„OM-check".*
Z.B.: time check, altitude check, speed check, landing lights check, repeat minimum.

„OM-check completed".

15. *„Final check".*
(Am Minimum oder spätestens 1.000 ft ground.) Z.B.: gear, flaps, props, mixture.

„Final check completed".

16. *„After landing check".*
Fahren Sie aus Sicherheitsgründen (Verwechslung mit Fahrwerk) die Landeklappen erst am Abrollweg ein, außer, Sie benötigen höchste Bremswirkung, und im Flughandbuch ist dazu empfohlen, die Klappen einzufahren, wie beispielsweise beim Flugzeugtypus Piper Seneca II.
Kühlklappen auf. Pitot heat off.

„After landing check completed".

17. *„Parking check".*
Turboladermotoren müssen ab touch-down noch ca. 5 Minuten laufen, und zwar zur genügenden Schmierung und *langsamen* Abkühlung des Turboladers. Abrupte Abkühlung der Turbolader infolge sofortigen Abstellens der Motoren kann zu Spannungen im Material und damit zu Rissen führen. Also: time check nach dem Aufsetzen!

Ohne „boosters off" bleiben Motoren nur schlecht und unter Schütteln stehen.

„Parking check completed".

Arbeiten Sie also nach einem solchen Gerippe für jede Maschine, die Sie fliegen, eine komplette IFR-Checkliste aus und ergänzen Sie diese durch ein „speed-summery" für jeden Typus. Alte Hasen sind nie ängstlich, aber doppelt sorgfältig.

## DIE „REICHWEITE/NUTZLAST-ABSTIMMUNG" -REGEL

Sie sind vom 1-Mot-Fliegen her sicher nicht gewöhnt, immer die Gewichts- und Schwerpunktberechnung durchzuführen. Bei einer kleinen 2-Mot aber haben Sie meist entweder nur die volle Reichweite oder die volle Nutzlast, beides gleichzeitig haben Sie fast niemals, und es ist besonders wichtig, sich diese Tatsache stets zu vergegenwärtigen. Es ist ein offenes Geheimnis, daß die kleineren 2-Mots des öfteren maßlos überladen geflogen werden. Das kann vielleicht so lange gutgehen, als beide Motoren laufen, wehe wenn aber ein Motor ausfällt. Es verkürzt dann jedes Kilo Übergewicht, Ihre Chancen, einem Unfall zu entkommen, ganz erheblich. Sie werden nun fragen, wie man denn dieses Problem in der Praxis wirklich löst. Eine einfache Möglichkeit ist die, im Gepäckraum des Flugzeuges immer eine kleine Federwaage mitzuführen, wie man sie bei jedem Jagdausstatter bekommt. Weiters ist es guter Brauch, aus den Beladungsdiagrammen die Musterformulare herauszukopieren, so daß für solche Flüge wirklich Berechnungsblätter zur Verfügung stehen. Informieren Sie auch Ihre Passagiere über ihre Beschränkungen beim Gepäck. Piloten kleinerer Flugzeuge haben die Pflicht, den Passagieren die Gepäcksbegrenzungen exakt mitzuteilen und die Einhaltung dieser Beschränkungen auch durchzusetzen. Nötigenfalls muß eben ein Koffer bahnexpreß aufgegeben werden.

Zahlen Sie lieber die Gebühren für eine Zwischenlandung, um bei reduziertem Treibstoff wieder aufzutanken, als Sie rechnen einen Flug bis an die äußersten Leistungsgrenzen und treffen dann auf einen nicht vorausgesagten Gegenwind.

Nennen wir diese Regel die „Reichweite/Nutzlast-Abstimmungs"-Regel, bei einer 2-Mot können Sie auf diese Abstimmung und auf die Schwerpunktberechnung nicht verzichten. Ein kleiner elektronischer Taschenrechner gehört übrigens heute zur Ausrüstung (siehe hiezu unter VI Praktische Umrechnungsfaktoren für den Gebrauch von Taschenrechnern).

## DIE „VOLLE STARTBAHN" -REGEL

Nach obigen grundsätzlichen Überlegungen denken wir nun an den Start: wie oft ist die Unart zu beobachten, daß 2-Mots nicht die volle Rollbahnlänge nützen. Nach den Erörterungen beim Startprofil ist einleuchtend, daß die unnützeste Rollbahn wohl jene ist, die hinter einem liegt. Verschenkte Sicherheit.

Die Frage hat noch einen Aspekt: Kreuzungen sind besonders gefährlich; so manches Kollisions-Unglück beim Einrollen an einer Zwischeneinmündung wäre nicht passiert, hätte sich das startende Flugzeug auf einem Rollweg zum Startbahn-Anfang begeben. Auch die Flugverkehrskontrolle kann einmal irren! Als Schlagwort merken wir uns somit die „Volle Startbahn"-Regel. Bevor Sie in eine Startbahn einrollen, prüfen Sie trotz jeder Freigabe: „approach sector clear?"

Die Verrichtungen nach dem Abheben sind für die meisten Flugzeugmuster gleich und werden ohne Hast ausgeführt: man wartet mit dem Einziehen des Fahrwerkes solange, bis keine ausreichende Rollbahn mehr zum Wiederlanden vor einem liegt, tritt auf die Bremsen, zieht das Fahrwerk ein, Gas: zurück auf das obere Ende des grünen Bereichs am Ladedruckmesser, Props (Propellerverstellung) zurück auf das obere Ende des grünen Bereichs des Drehzahlmessers, Gemischhebel: stufenweise zurück auf die entsprechenden Werte der (meist blauen) Steigflugskala des Kraftstoffdurchflußanzeigers. Gas erforderlichen Falles stufenweise nachschieben (nicht vergessen, im Sinkflug dagegen nach und nach zurück, denn: manifold pressure nimmt mit geringerer Höhe von selbst zu). Die Handbewegungen erfolgen ruhig und ohne jede Nervosität.

Nebenbei sei bemerkt, Trimmung: insbesondere die Kugel des Querneigungsmessers mittels Seitenruder in die Mitte, dies bringt im Steigflug bis zu 300 fpm mehr Steigen; bei rechtsdrehenden Motoren werden Sie beobachten, daß unter Voll-Last die Kugel stark nach rechts auswandert, infolge des bekannten P-Faktorausgleiches etc. Trimmen Sie also dagegen! Bei einem Flugzeug, das man ständig fliegt, weiß man das erforderliche Maß der Seitenruder-Rechtstrimmung für den Steigflug und stellt dies bereits vor dem Start ein. Auch im Reisesteigflug, wenn man wegen Vereisung nach oben muß, kann die Rechtstrimmung lebenswichtig sein: es ist eben ein Unterschied, ob man wenigstens noch mit 300 fpm steigen kann, oder sich mit Null am Variometer abmüht und über Wolken oder Vereisungszone nicht hinauskommt. Bei kurzen Steigflügen oder während des Gasgebens beim Durchstarten kann man den Ausgleich mit dem rechten Bein vornehmen. Vergessen Sie nicht, bei level-off zurückzutrimmen.

Die erforderlichen Handgriffe werden wohl zügig aneinander gereiht — man soll nicht lange nachsinnieren müssen, was als nächstes kommt — aber alles wird grundsätzlich ohne Hast durchgeführt. Mehrmotoriges Fliegen ist ein königliches Fliegen, verlangt aber auch ein königliches Verhalten des Piloten: gute

Cockpit-Arbeit wird förmlich zelebriert, sie beginnt schon beim langsamen Gashineinschieben. Stellen Sie sich vor, es hätte sich jemand angewöhnt, an allem herumzureißen und ein Motor fällt aus; reißt er nun versehentlich den Gesunden heraus, dann hat er eben gar keinen mehr. Ein Pilot mit ruhigen Arbeitsgriffen würde es noch hören, wenn er im Begriffe ist, das Gas am gesunden Motor zurückzuziehen und rechtzeitig wieder vorschieben können. Als Stichwort sei dies mit „Bedächtigkeits"-Regel benannt.

Beachten Sie auch

**DIE „EINS NACH DEM ANDEREN" -REGEL**

Diese bedeutet, daß man bei mehrmotorigen Flugzeugen die Triebwerke tunlichst nicht gleichzeitig bedient, sondern z.B. das Tankumschalten, Vergaservorwärmung, Abschalten der Kraftstoffpumpen, für jeden Motor extra, mit einer kleinen Pause dazwischen, vornimmt. Löst etwas eine Störung aus, dann fällt wenigstens nur ein Motor aus. „Eines nach dem Anderen" muß daher Grundsatz sein (siehe Lill: „Umsteigen auf 2-Mot" a.a.O.). Sehr zweckmäßig ist, einige Zeit nach dem Start die Tankschaltungen, nacheinander, zu prüfen; funktioniert nämlich etwas nicht, dann kann man noch umkehren, während später u.U. sowohl der Zielflughafen als auch der Ausgangsflughafen unerreichbar sind, falls man aus den Zusatztanks keinen Kraftstoff herauskriegt!

**DIE „MISSTRAUEN" -REGEL**

Trauen Sie im IFR-Flug niemals einem einzelnen Instrument. Nur die Gesamtheit der Anzeigen läßt Sie der Herr der Lage bleiben. Wichtiges Navigationsinstrument ist auch bei IFR — die gute, alte Uhr. Es erübrigt sich hier näher auszuführen, daß man ein Kniebrett benützt, jede Freigabe, jede Überflugzeit notiert und auch die geschätzte Überflugzeit für den nächsten Kontrollpunkt sofort einträgt. Man kontrolliert mit einem Gerät das andere. Bereits „From"-Anzeige? Nach der Zeit unmöglich! Man macht Querpeilungen. Ergebnis: die Uhr war untrüglich. Plötzlich springt das VOR wieder auf „TO". Es war kurzfristig gestört. Oder: während eines ILS-Anfluges steht das Kreuzzeiger-Instrument wunderbar mittig. Zur Sicherheit wird auf dem zweiten VOR die Localizer-Frequenz eingedreht, und die Nadel saust ins Eck. Was war geschehen? NAV 1 ging während des Anfluges kaputt. Kontrollieren Sie die UKW-Geräte auch immer zusätzlich mit dem ADF, Sie wissen dann mit großer Sicherheit, wo Sie stehen. Die gleichen Vorsichts-Grundsätze gelten für alle anderen Anzeigen im Flugzeug. Zur VOR-Frequenzwahl gehört sofortiges Eindrehen des Kurses, sonst erscheinen irreführende Anzeigen, und Abhören der Kennung. Vergleichen Sie periodisch den Kurskreisel mit dem Magnetkompaß, selbst bei den slaved gyros. Werfen Sie auch ab und zu einen Blick auf Ihren Mitpiloten, unter dem Gesichtswinkel pilot incapacitation. Es hilft wenig, wenn Sie mit verschränkten Armen die Gegend betrachten, während der Kamerad bei der Landung in den Boden rasselt. Schlagwort somit: die „Mißtrauens"-Regel.

„Scanning" ist ein Begriff aus der Fernsehtechnik und bedeutet „Bildabtastung". In der Instrumentenfliegerei meint man mit scanning das Springen der Augen von Instrument zu Instrument. Nennen wir dieses Erfordernis

## DIE „SCHEIBENWISCHER-AUGEN" -REGEL

Über die Technik, wie man die Instrumente am besten abliest, gibt es allerlei Abhandlungen. Trotzdem gab es schon Unfälle durch simples Umwerfen. Zentrales Gerät ist und bleibt im Instrumentenflug der künstliche Horizont, dann kommt das momentane Hauptgerät, dann wieder der künstliche Horizont und dann nach Bedarf ein anderes Gerät. Wenn Sie beispielsweise ein ILS herunterfahren, dann ist Ihr zentrales Gerät wie immer der künstliche Horizont, von dem aus die Augen zum momentanen Hauptgerät, dem

Kreuzzeiger- oder HSI (Horizontal-Situations-Anzeigegerät) wandern und wieder zurück zum Horizont. Von dort aus werden nach Bedarf die anderen erforderlichen Instrumente kontrolliert, die Augen gehen aber immer wieder über den Horizont. Oder, Sie müssen z.B. auf eine andere Sprechfunkfrequenz umschalten. Zentrales Gerät ist der Horizont, momentanes Hauptgerät das VHF. Ich habe in schwerem Wetter erlebt, wie ein Pilot dabei nur eine Ziffer einrastete, zum Horizont zurückblickte und das Flugzeug stabilisierte, dann die nächste Ziffer eindrehte, wieder zum Horizont zurückging, und so fort, bis endlich die neue Station eingedreht war. Das war richtig so. Wenn Sie immer wissen, was als nächstes zu tun ist, haben Sie auch im Instrumentenflug Zeit. Wenn Sie ständig in Messerfluglagen kommen, wahrscheinlich bald keine mehr.

**DAS SCANNING-T**

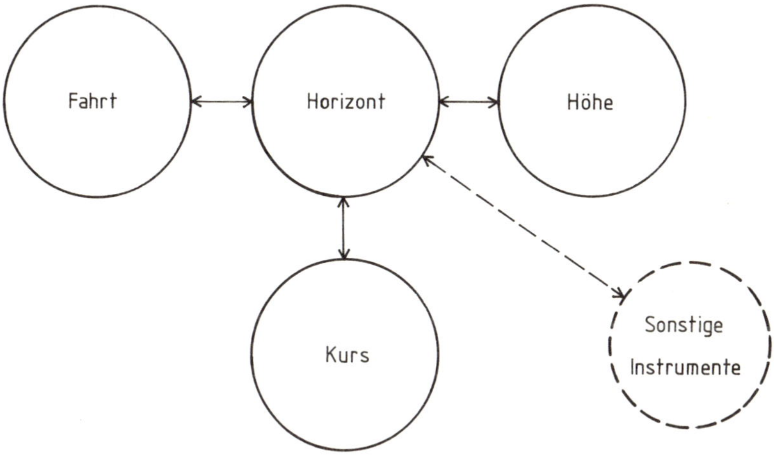


Vor allem in scharfem IFR ist es gefährlich, mit den Augen zu lange an einem Instrument kleben zu bleiben. Stichwort somit: die „Scheibenwischer-Augen"-Regel.

Achtung: *Drehlichter und elektronische Blitzlichter in Wolken aus!*

Die Spiegelungen können, angefangen von Schwindelgefühlen bis zu pilots incapacitation führen, wobei der Pilot selber nicht merkt, warum er eigentlich ausfällt (vgl. Amsler: Flugmedizin für zivile Besatzungen, Verlag Eidg. Luftamt, Bern).

In den IFR-Lehrbehelfen sind die Instrumentenflugverfahren und auch Übungen hiezu beschrieben, aber meist nicht, wie man dabei handwerklich am besten über die Runden kommt.

Einige praktische Hinweise sind bereits in den vorangegangenen Kapiteln dargelegt. Folgender Verfahrensmerkspruch sei hinzugefügt, die „vier großen T", das ist die

**„TIME-TURN-TWIST-TALK" -REGEL.**

Das heißt:
Das erste bei Erreichen eines check-points ist die Zeitkontrolle bzw. die Zeitnehmung, dann geht man auf neuen Kurs (turn), dann dreht man nötige neue Frequenzen etc. ein (twist), und erst als letztes kommt der Sprechfunk! Stets so gehandhabt und in Fleisch und Blut übergegangen, eine wunderbare Sache. Zu twist gehört auch das Setzen der Kursmarke am Kurskreisel. Die Marke regelmäßig zu benützen, ist eine ganz große Hilfe. Obige Regel gilt übrigens immer, ob auf Strecke, im holding oder im approach.

Die Flugsicherung erwartet übrigens nicht, daß eine Positionsmeldung sogleich nach dem Umschlagen der VOR-Anzeige etc. gegeben wird. Merken Sie sich die Überflugzeit und tragen Sie sie in Ihr Routing-Blatt ein. Sobald alle das unmittelbare Fliegen betreffenden Arbeiten erledigt sind, wird der nächste Überflugzeitpunkt neu kalkuliert. Dann erst meldet man der Flugsicherung.

Nicht unerwähnt soll schließlich die

bleiben, wenn ein Motor ausfällt.

Wie eingangs erwähnt, gehört Motorausfall in der Startphase zu den kritischen Lagen. Es wurde weiter festgestellt, daß die Fortsetzung des Fluges mit einem Motor nur in „clean configuration“ möglich erscheint, und daher die Herstellung dieses Zustandes möglichst rasch durchzuführen ist, da sonst die geringe vorhandene Höhe durch einen unvermeidbaren Sinkflug sehr schnell aufgebraucht ist. In diesem Zusammenhang sind folgende Punkte zu beachten:

1. Grundsätzlich mit maximal zulässiger Leistung starten, und auch diese Leistung stehen lassen, bis man etwa 500 ft Höhe über Grund erreicht hat, um diese kritische Phase zu überwinden. (Dabei boosters „on“.)

2. Eindeutiges Feststellen des ausgefallenen Motors. Die Erfahrung zeigt, daß immer wieder, besonders in IMC, der Gashebel des gesunden Motors zurückgenommen wird. Bei aller gebotenen Eile ist der ausgefallene Motor eindeutig festzustellen, bevor er stillgelegt wird. Unter den verschiedenen Verfahren hat sich eines besonders bewährt:

a) Volle Leistung auf beide Triebwerke geben, wenn nicht ohnedies noch volle Leistung gesetzt ist.

b) Laut ausrufen: „dead foot, dead engine“.
Laut ausrufen: „right“ oder „left“.

c) Unbedingt zuerst den „toten“ Gashebel zurücknehmen, ehe man mit dem Prop-Hebel die Segelstellung herbeiführt.

Achten Sie allgemein darauf, daß bei nötiger Motorleistungserhöhung die Hand nicht zuerst zu den Gashebeln fährt, sondern grundsätzlich zuerst zu den Props; Sie schaden sonst nicht nur den Motoren, es beißen ja außerdem die Luftschrauben schlechter an (umgekehrt werden bei Reduktion zuerst die Gashebel und dann die Props zurückgenommen). Hier sündigen oft erfahrene Piloten.

Sodann stellt man bestmögliche Aerodynamik durch „clean aircraft" her und trimmt das Flugzeug auf Einmotorenflug um. Minimum speed festlegen und diese laut ausrufen. Zuletzt erfolgt die Versorgung des kranken Motors durch Pumpen aus, Gemischhebel zurück, Zündung aus, Generator aus, Benzinhahn zu (action).

Wie oben erwähnt, blicken Sie dabei stets auf den künstlichen Horizont zurück, denn alles ist vergebens, wenn Sie umwerfen. Steuertechnich liegt übrigens die allererste, wichtige Auffangreaktion bei Ausfall eines Motors in den Beinen, man braucht sehr viel Seitenruder. Haben Sie nach Beendigung aller Maßnahmen keine Scheu, das Flugzeug auf den Einmotorenflug umzutrimmen; es ist unsinnig sowie auf die Dauer unmöglich und würde zu Beinkrämpfen führen, das Flugzeug selber zu halten. Bei der nachfolgenden Einmotorenlandung mit umgetrimmtem Flugzeug ist nicht zu vergessen, daß das Drehmoment beim Gaszurücknehmen nach der anderen Seite wirkt, und man entsprechend entgegenhalten muß.

## DIE „FINDE DEN FADEN" -REGEL

Geradezu unendlich wichtig ist es, sich darüber Gedanken zu machen, wie man sich wieder erfangen könnte, wenn es bei einem Anflug einmal drunter und drüber gehen sollte; sei es infolge plötzlicher Verwirrung, Überbelastung oder widriger Einflüsse welcher Art immer.

Malen wir uns geistig drei große Kreise vor, das sind drei Hauptgedanken-Kategorien. Zwischen erstem und zweitem liegt noch ein Zwischenkreis (siehe Skizze).

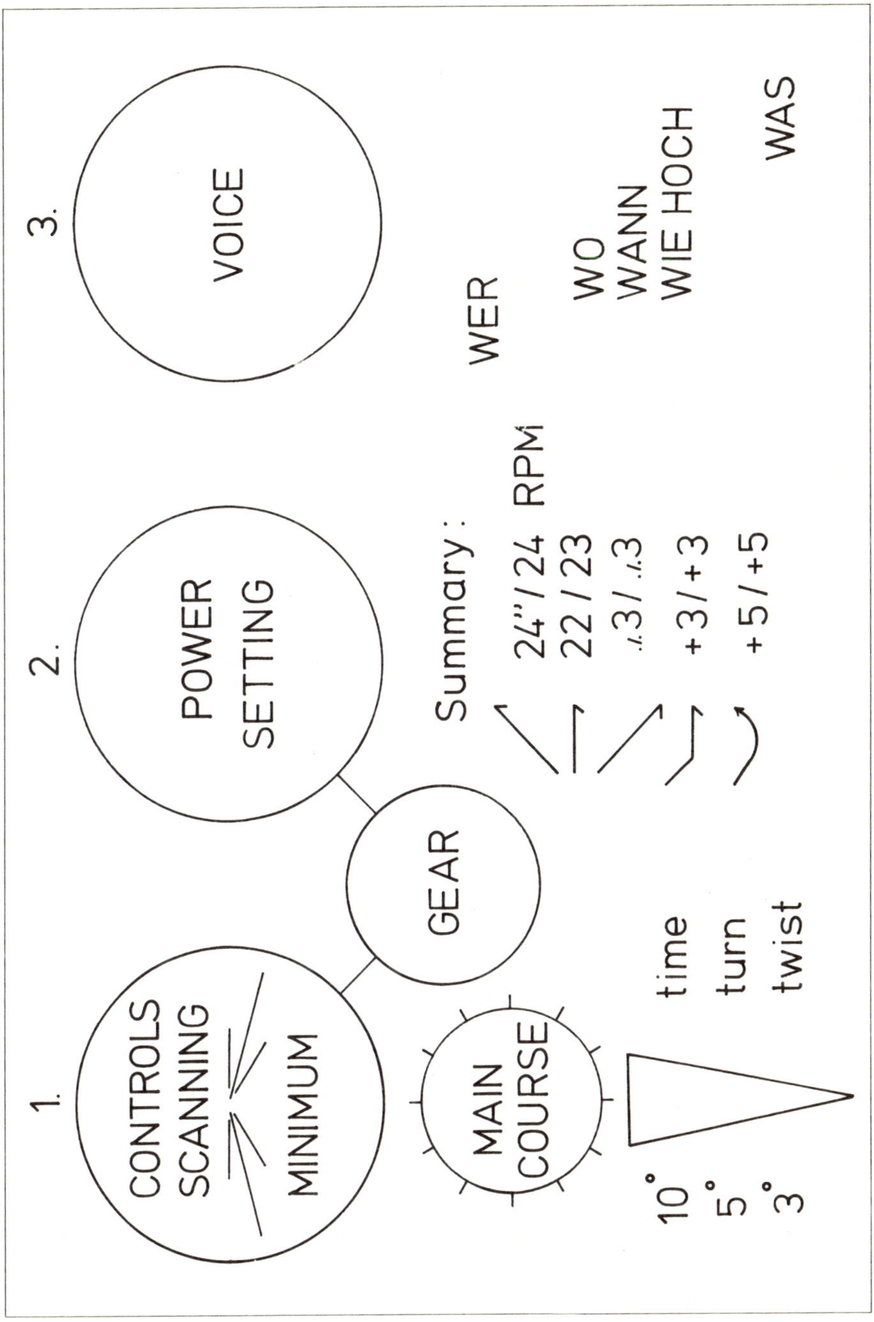
1.
CONTROLS
SCANNING
MINIMUM
GEAR
2.
POWER
SETTING
3.
VOICE
MAIN
COURSE
10°
5°
3°
time
turn
twist
Summary :
24" / 24 RPM
22 / 23
+ 3 / + 3
+ 5 / + 5
WER
WO
WANN
WIE HOCH
WAS

Der erste Kreis symbolisiert durch einen künstlichen Horizont das Wichtigste: First fly the aircraft, fallen Sie nicht aus den Wolken; darunter mögen Sie in roten Lettern sehen: *MINIMUM.*

Wenn Sie die Maschine wieder in normale Fluglage gebracht haben und Sie des Minimums gegenwärtig sind, dann ist schon viel gewonnen.

Der zweite große Kreis bedeutet: power setting. Wenn Sie sich weder an $V_S$ befinden noch wegen Überfahrt die Flächen verlieren, ist ebenfalls bereits viel gewonnen.

Der dritte Kreis ist auch drittwichtig: voice mit dem Merksatz „wer — wo — wann — wie hoch — was".

Zwischen erstem und zweitem Kreis ist ein Zwischenkreis „gear" eingeschoben, es hängt mit beiden Nachbarkreisen zusammen und ist so wichtig, daß es einen eigenen Kreis als ein „Hauptgedanke" verdient.

Untergedanken zu den ersten Hauptgedanken sind nun (symbolisiert durch ein Gestirn mit den Lettern „Main Course"): wo muß ich hin?

Darunter ein Keil als Symbol für die Korrekturen, erst ca. 10°, dann etwa beim OM maximal 5°, und zum Schluß eisern nur mehr 3° am „windbewährten" heading.

Meist sind die fürchterlichen Überkorrekturen der Hauptgrund für mißlungene ILS-Anflüge.

Auch im Anflug gilt die Regel time — turn — twist. Am OM die Stoppuhr zu starten, bedeutet auch zusätzliche Sicherheit genauso wie wenn man das Einrasten (twist) der jeweiligen compass-locator-Frequenzen nicht übersieht.

Wenn man will, kann man noch eine kleine power-setting-Symbolik für sein Flugzeug unter dem zweiten Kreis anbringen, die bei einer der Piper-Seneca etwa wie dargestellt aussehen würde.

Eine solche Zeichnung immer und immer wieder überdacht und eingeprägt, müßte helfen, sich bei plötzlicher Mattscheibe wieder zu systematisieren. Man kann dann wohl Details verfehlen, aber die Prioritäten, die man sich dergestalt als ständiges Vademecum gesetzt und sich immer wieder vor Augen gehalten hat, wird man dann höchstwahrscheinlich wachrufen können.

Es geht also nach der Wichtigkeit darum:

1. Nicht umwerfen. Über dem Minimum bleiben.

2. In welche Kardinalrichtung geht es?

3. Keine Überkorrekturen!

Sowie: Fahrwerk, power, voice. Schließlich: wohin geht missed approach?

## Kleine Kunstkniffe

Für zwei Piloten, die harmonieren, ist IFR meist ein Vergnügen. Sollten Sie, aus welchem Grunde immer, alleine fliegen, sollen Sie sich schon aus Sicherheitsgründen das Leben möglichst erleichtern.

### KNIEBRETT

Bekleben Sie Ihr Kniebrett rückwärts mit Schaumgummi, damit es von den Knien nicht herunterrutscht. Es bewähren sich auch Riemen zur Befestigung am Oberschenkel, besonders bei böigem Wetter. Für Anfänger und auch Fortgeschrittene ist empfehlenswert, die Schreibfläche des Kniebretts als durchsichtige Folie zu gestalten, und darunter alle checks, Umrechnungsfaktoren, Formeln oder Merkregeln nach Ihren Wünschen aufzutragen. Sehr praktisch ist unter anderem eine Zusammenstellung von einfachen Schätzungs-Faustformeln, denn es ist bekannt, daß in schwierigem Wetter ein Pilot am Steuer meist auch schwerer rechnet. Legen Sie sich auch ein Flugpläne-Lager an mit Standard-Winden und Standard-Zeiten, die Sie dann rasch abändern können.

### FORMELN UND BEZIEHUNGEN

Bei Zahlenverhältnissen, die man braucht, kann man sich fast überall ein festes Gerippe zurechtlegen und einprägen, von dem ausgehend man dann mittels Faktoren und Divisoren bzw. durch Zu- und Abschläge Zwischenwerte oder überhaupt andere Verhältnisse ableiten kann. Ein Beispiel: Wenn Sie mit einem Flugzeug 180 Knoten fliegen, beträgt die Zeit in Minuten, die Sie zwischen zwei Punkten benötigen, Distanz (in Seemeilen) geteilt durch drei. Wenn der Landeanflug mit 170 Knoten geflogen werden soll, dann schlagen Sie zum Ergebnis nach obiger Kopfrechnungsmethode 10% dazu, und die Zeiten für den Landeanflug stimmen ziemlich genau (Rückenwind- und Gegenwindkomponenten werden durch schätzungsweise Zu- und Abschläge erfaßt). Man kann sich für benötigte Geschwindigkeitsbereiche somit eine Tabelle etwa wie folgt aufstellen:

| | Fahrt in Knoten: | Zeit in Minuten: Distanz (D) geteilt durch: |
|---|---|---|
| z.B. | 180 kt | 1/3 D |
| | 170 kt | 1/3 D + 10% |
| | 150 kt | 1/2 D − 20% oder $\frac{\text{Dist.} \times 4}{10}$ |
| | 130 kt | 1/2 D − 10% |
| | 120 kt | 1/2 D |
| | 100 kt | 1/2 D + 20% |
| | usw. | |

Limited panel — Geräteausfall: Richtungsänderungen, wenn nur der Magnetkompaß (Fluidkompaß) zur Verfügung steht:

$$\underset{\text{rate one turn (1 min. für 180°)}}{\text{Zeit des Kurvens in Sek.}} = \frac{\text{Winkel der gewollten Richtungsänderung}}{3}$$

(Beim Fliegen nach Fluidkompaß in bögigem Wetter nicht ununterbrochen nachkorrigieren. Sich merken, um welchen Wert der Kompaß pendelt, dann eine dezidierte Richtungsänderung nach obiger Formel vornehmen.)

*Wahre Eigengeschwindigkeit:*

$$TAS_{kt} = CAS_{kt} + 2\% \text{ je 1.000 ft Druckhöhe}$$

Beispiel:

Flug in 9.000 ft Druckhöhe (on QNH)

Berichtigte Fahrtmesseranzeige 170 kt

TAS: 170 + 18% = ca. 200 kt.

*Kontrolle der Grundgeschwindigkeit:*

$$GS_{kt} = \frac{\text{Entfernung}_{NM} \times 60}{\text{Zeit}_{min}}$$

*Richtige Schräglage:*

$$\text{bank angle für rate-one-turn} = \frac{TAS_{kt}}{10} + 7$$

Beispiel:

true airspeed = 140 kt

Kurven-Schräglage $= \frac{140}{10} + 7 = 21^{\circ}$

Zur raschen Ermittlung der niedrigsten benützbaren Flugfläche im Kopf (z.B. zur Überprüfung einer ATC-Freigabe im Zweifelsfalle, oder eventuell bei Funkausfall):

| |
|---|
| Barometrische Höhenstufe in NN: 1 mb = 30 ft |

| |
|---|
| Temperaturen der ICAO-Atm.: $T = 15 - \frac{FL}{(10)} \cdot 2$ |

(oder anders ausgedrückt:

$2^{o}$/1.000 ft abnehmend, ausgehend von $15^{o}$ in NN).

Bestimmung des temperaturbedingten Höhenfehlers:

| |
|---|
| $1^{o}$ Temperaturabweichung gegenüber ISA = = 0,4% Höhenfehler |

Sodann ergibt die Druckdifferenz (tatsächliches QNH gegenüber 1013) mal 30 die Höhenabweichung aus dem Luftdruck in Fuß, und die Temperaturdifferenz gegenüber der ISA-Temperatur im Flugniveau mal 0,4% Höhenfehler die Höhenabweichung aus der Temperatur heraus.

Die Summe bzw. der Saldo der beiden Abweichungen in Fuß beträgt die Gesamt-Höhenabweichung, wobei niedrigerer Luftdruck als Standard auch niedrigere tatsächliche Flughöhe, und tiefere Temperatur als Standard ebenfalls niedrigere tatsächliche Flughöhe bedeuten. Danach richtet sich dann aufgerundet der Wert der höheren Flugfläche, die mindestens zu benützen ist.

Beispiel:
IFR-Mindestflughöhe für die Flugstrecke: 7.000 ft
Luftdruck (QNH): 983 mb
Temperatur: 10° unter ISA (International Standard Atmosphere)

Lösung:

| | | |
|---|---|---|
| 30 mb Differenz zu Standard | | |
| x 30 ergibt | ca. 900 ft | Höhenabweichung |
| 10 x 0,004 x 7.000 ergibt | ca. 280 ft | Höhenabweichung |
| Summe | ca. 1.180 ft | geringere tatsächliche Flughöhe |

Niedrigste benützbare Flugfläche daher = F 90

Nicht zu vergessen für die IFR-Flugpraxis mit leichteren Luftfahrzeugen, mit welchen ja auch kleinere und u.U. schwierigere IFR-Plätze angeflogen werden, ist die Formel für die zu fliegende outbound-Zeit der Verfahrenskurve:

$$t_{min} \text{ outbound } = \frac{36}{\text{Winkel-Differenz}}$$

Beispiel:
Der Winkel des procedure turn ist mit 20° angegeben
36 geteilt durch 20 ergibt knapp 2
Es ist daher rund 2 Minuten outbound zu fliegen.

Demnach ergeben sich als meist gebrauchte runde Werte für die Praxis:

| Winkel | $t_{min}$ outbound |
|---|---|
| 30° | 1 Minute |
| 20° | 2 Minuten |
| 10° | 3 Minuten |

Zur raschen ungefähren Berechnung der seitlichen Ablage in Entfernungseinheiten von einer Kurslinie o.ä. dient die 1:60-Regel. Zweckmäßig stellt man die Formel dergestalt auf, daß man über die Bruchstriche die kleinen Zahlenwerte, unter die Bruchstriche die großen Zahlenwerte setzt:

$$\frac{\text{Kleine Strecke X}}{\text{große Strecke}} = \frac{\text{Kleiner Winkel}}{60}$$

**SYSTEMATISIEREN DES POWER-SETTING**

*Power setting Merkformel:*

1. beim Steigen: von rechts nach links,
2. bei Sinken: von links nach rechts.

Das heißt: Wenn man steigen will, muß die Motorleistung erhöht werden; Motorleistung = power = das Zusammenspiel von Gemischregelung, Prop-Verstellung und Gashebelstellung. Die richtige Bedienungsreihenfolge lautet: zuerst Gemisch adjustieren (rechte Hebel), dann die Propeller vor, dann erst links die Gashebel vor (Ausnahme: Beechcraftflugzeuge haben andere Hebelanordnung). Man arbeitet also von „rechts nach links".

Beim Sinken geht es umgekehrt; man arbeitet von „links nach rechts".

Level-off nach Steigflug entspricht der obigen Sinkformel, level-off nach Sinkflug der Steigformel.

Diese Merkformeln sind für einmotorige Flugzeuge genauso zutreffend und brauchbar wie für mehrmotorige.

Ähnliche Grundsätze mit Erweiterungen gelten bei den pull-up-Verfahren (missed approach, overshoot):

*Die pull-up 6-Punkte-Regel:*

1. Nose up
2. Props: high RPM
3. Manifold pressure: for take-off
4. Flaps: take-off position (z.B. $10^{o}$)
5. Gear: up, when positive ROC
6. Flaps completely up, when clear of obstacles

Erklärung:

Es ist falsch, die Klappen sofort ganz einzufahren, das Flugzeug kann durchsacken.

Es ist falsch, als erstes das Fahrwerk einzufahren; hat man stark Klappen gesetzt, bilden diese den größeren Widerstand.

Bei etwa mehr als zur Hälfte ausgefahrenen Landeklappen muß klar sein, daß das Flugzeug an sich zu Anflug und Landung bestimmt ist. Bei vollen Klappen ist es mit den meisten Flugzeugen nicht möglich, eine für den Steigflug notwendige Geschwindigkeit aufzubauen. Auch gelingt es meist nicht, sofort level-off ohne Höhenverlust zu bewerkstelligen. Sollte es bei einem zu spät eingeleiteten pull-up-Verfahren zu Bodenberührungen kommen, wird diese mit noch ausgefahrenem Fahrwerk in der Regel besser verlaufen.

Auch bei geringerer Klappenstellung ist obige 6-Punkte-Regel grundsätzlich gültig.

**DIE ELEVATOR / POWER BEZIEHUNG**

Auf die große Wichtigkeit des perfekten Austrimmens des Flugzeuges im Instrumentenflug wurde anderen Ortes bereits hingewiesen. Nur eine richtige Flugtechnik führt zum *stabilisierten Flugzustand,* was überhaupt erst die Voraussetzung dafür bildet, daß die IFR-Verfahren richtig und gefahrlos geflogen werden können. Der Zusammenhang zwischen Höhenruder und Gas führt zu einer Flugmethode, die wir mit der elevator-power-Beziehung charakterisieren wollen. Sie besteht aus

- *Methode I:* speed by power altitude by pitch

wenn Sie auf einer Fläche fliegen oder am ILS, das man sich als leichtgeneigte Fläche hinzudenkt (Ziel: konstante Höhe bzw. konstantes Einhalten des Gleitpfads bei konstanter Fahrt), und

- *Methode II:* speed by pitch

wenn Sie steigen oder sinken und power für die gewünschte Steigleistung oder Sinkrate (ROC/ROD) fix eingestellt ist (Ziel: konstante Fahrt);

Faustformel für die Sinkrate (rate of descent) am ILS, $3^{\circ}$ glide slope:

$$ROD_{fpm} = \frac{\text{Ground speed}_{kt} \times 10}{2}$$

Beispiel:
Grundgeschwindigkeit = 170 kt

$$\underline{ROD} = \frac{170}{2} \times 10 = \underline{850 \text{ fpm}}$$

Auch die Formel GS x 5 ist üblich, es geht aber rascher, im Kopf durch 2 zu teilen als mit 5 zu multiplizieren. Die Formel gilt für einen Gleitweg mit $3^{\circ}$ Neigung. Bei $2{,}5^{\circ}$ Neigung schlägt man vom

Ergebnis 10% ab, bei einem Gleitwegwinkel von $3{,}5^{\circ}$ schlägt man 20% hinzu, oder man multipliziert im letzteren Falle GS mit 6. Dezimalpunkte werden in solchen oder ähnlichen Formeln oft durch Schätzung gesetzt.

**DEPARTURES**

Allgemein lauten die „3 Prüfungen der Wahrheit" bei departures wie folgt:

> *Departure-Überlegungen:*
>
> 1. Komme ich überhaupt hin wo ich möchte?
> 2. Komme ich hinauf?
> 3. Kann ich ausweichen, wenn ich nicht hinaufkomme (z.B. bei Eis)?

Eine besonders für kleinere IFR-Flugzeuge lebenswichtige Frage bei standard instrument departures (SID), insbesondere von Flugplätzen in Bergnähe, lautet sohin: kann ROC, also eine Steigrate, erfüllt werden, die dem minimum climb gradient gerecht wird?

Somit:

> *1. ROC/Climb gradient-Formel:*
>
> $ROC_{fpm} = \text{climb gradient}_{\%} \times GS_{kt}$

Beispiel:

| | | |
|---|---|---|
| Verlangter Minimum Climb-Gradient | = | 5,4% |
| Steigfluggeschwindigkeit (GS) | = | 120 kt |
| Minimum ROC = 5,4 x 120 | = | 650 fpm (aufgerundet) |

Ist jedoch der Minimum Climb-Gradient in Grad angegeben, wird der ROC-Wert wie folgt errechnet:

> *2. ROC/Climb gradient-Formel:*
>
> $ROC_{fpm} = \text{climb gradient}_{Grad} \times GS_{kt} \times 1{,}75$

Beispiel:

Verlangter Minimum Climb-Gradient = $3^{o}$
Steigfluggeschwindigkeit (GS) = 120 kt

Minimum ROC = 3 x 120 x 1,75 = 630 fpm

Ist der Minimum-Steig-Gradient in einem Zahlenverhältnis angegeben, wird dieses einfach in einen Prozentwert umgeformt und Formel 1 angewendet.

Beispiel:

Minimum climb gradient: = 1 : 25
= 4 : 100
= 4%

Steigfluggeschwindigkeit (GS) = 120 kt

Minimum ROC = 4 x 120 = 480 fpm

**DESCENT-ÜBERLEGUNGEN**

Ist umgekehrt das Flugzeug zu schnell, dann ist es möglich, daß ich den nötigen Sinkflug nicht schaffe. Die Faustregel für ROD, gültig für $3^{o}$ glide slope, wurde oben angeführt; bei non-precision approaches soll die jeweilige Kontrollhöhe aber bereits *vor* dem fix erreicht werden. Somit:

$$ROD_{non\ precision} = \frac{GS_{kt} \times 10}{2} + 200\ ft$$

Beispiel:

Geschwindigkeit über Grund = 160 kt

$$\underline{ROD} = \frac{1600}{2} + 200 = \underline{1.000\ fpm}$$

Damit kommt man auf das „stufenweise Sinken“ (step-descents). Achten Sie darauf, daß es sich in diesen Formeln immer um die Geschwindigkeit über Grund und nicht um die wahre Eigengeschwindigkeit handelt. Das wird sofort klar, wenn Sie sich das Problem an Hand eines Rückenwindes am ILS vorstellen: Der Rückenwind schiebt Sie schneller zum Platz hin, und Sie müssen daher schneller sinken, um rechtzeitig unten zu sein. Umgekehrt ist bei Gegenwind die Sinkrate geringer.

Welche Sinkrate für Sie zutrifft, dafür ist somit einzig und allein Ihre Grundgeschwindigkeit maßgebend.

Hinsichtlich der Steigraten gelten die gleichen grundsätzlichen Überlegungen.

In der Praxis müssen Sie allgemein die Lösung folgender Aufgabe beherrschen:

$$\frac{\text{abzubauende Höhe}}{\text{ROD}} = \text{erforderliche Sinkflug-Minuten}$$

$$\frac{\text{Sinkflug-Minuten} \times GS_{kt}}{60} = \text{erforderliche Distanz}_{NM}\ \text{(POD)}$$

Analoge Zahlenbeziehungen bestehen selbstredend bei Steigflugproblemen (TOC).

**BASIC ORIENTATION – VORSTELLUNGSHILFEN:**

Bei QDM-interceptionen werden wohl verschiedene Methoden angewendet, die 6-Punkte-Regel*) stimmt jedoch immer:

1. Feststellen des Ist-QDM-Wertes – wie bin ich wo?
2. Vorstellung des Soll-QDM – wo soll ich hin?
3. Berechnung der Winkeldifferenz zwischen beiden Werten
4. Bestimmung der Interception-Methode (180°/90°/45°, 90°/45°, 45°, oder 30°)
5. Berechnung des Interception-Headings
6. Bestimmung der Richtung der ersten Kurve

also:

| |
|---|
| 1. act. QDM<br>2. req. QDM<br>3. Winkeldifferenz<br>4. Art der Interception<br>5. Interception-HDG<br>6. first turn |

Dabei im Prinzip:

| | | |
|---|---|---|
| Winkeldifferenz über 70°: | 180°/90°/45° | Interception |
| Winkeldifferenz 20° bis 70°: | 90°/45° | Interception |
| Winkeldifferenz bis 20°: | 45° | Interception |
| wenn näher als 1 min. zum fix: | maximal 30° | Interception |

*) Siehe Pasteur, a.a.O., Kapitel „Interception auf QDM".

Erklärung: z.B. 180°/90°/45°-Interception bedeutet, daß man die verlangte (Soll-)Standlinie wie folgt anfliegt: zunächst steuert man 180° zum Soll-QDM, und zwar so lange, bis man rund 2 min. Flugzeit ab der abeam position in Gegenrichtung zum Soll-QDM steht, dann fliegt man die Soll-Standlinie mit 90° an, bis man auf dem Navigationsgerät eine Voranzeige von etwa 15° hat, und nun flacht man auf einen Anschneidewinkel von 45° zur verlangten Standlinie ab. Bei ca. 3° Voranzeige dreht man endgültig auf QDM ein. Die Werte der Voranzeigen, die man für das jeweilige Eindrehen nimmt, sind selbstredend von der Entfernung zum Funkfeuer abhängig. In Entfernungen von mehr als 5 min. von der Station ist kaum nötig, bereits bei Voranzeigen einzudrehen.

Bei Pasteur a.a.O. wird empfohlen, sich solche Aufgaben unter dem künstlichen Horizont vorzustellen (siehe dortige Skizze), man kann aber auch folgendes machen: die Kursrose eines gyro nutzen.

Wie man sich im Landebahnen- und Rollwegegewirr eines Großflughafens die eigene Position zum Platzgrundriß vorzüglich auf den (nachgestellten!) Kurskreisel projiziert, so kann man Interceptionsaufgaben fast mühelos unter Zuhilfenahme *des Randes des Kurskreisels* lösen. Im Zentrum denken wir uns das Funkfeuer.

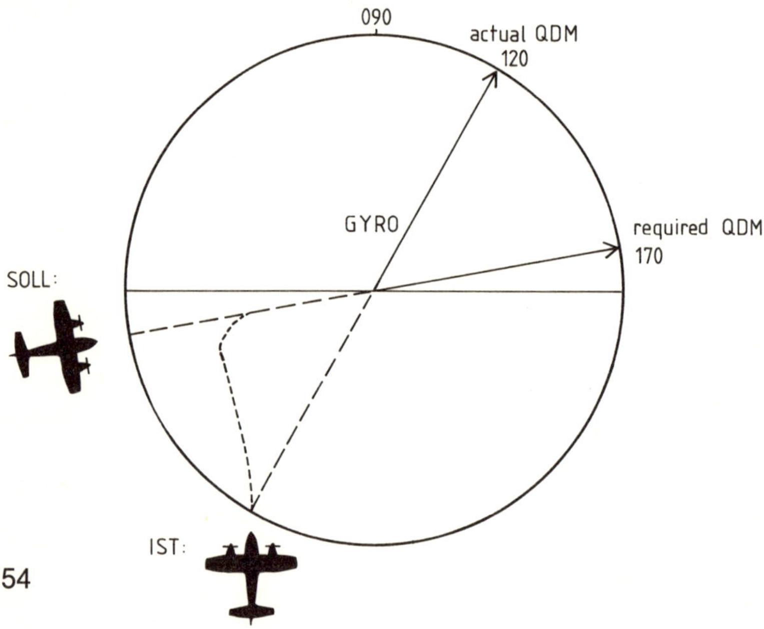

Die Benützung des Kurskreisels als Vorstellungshilfe hat zunächst den Vorteil, daß Sie die Richtung der Flugzeugnase schon aufgezeichnet in Blickrichtung vor sich sehen. Das Geheimnis ist nun, sich das Ist-QDM und das Soll-QDM auf dem *gegenüberliegenden* Gyro-Rand vorzustellen, und die Flugzeuglängsachse auf den Schnittpunkt: actual QDM/gegenüberliegender Gyro-Rand, parallel zu verschieben (siehe obige Skizze):

z.B.: heading: 090°
1. act. QDM: 120°
2. req. QDM: 170°
3. Winkeldifferenz: 50°
4. daher 90°/45°-Interception
5. Interception-Hdg: 170° – 90° = 80°, kann man sich nach dieser Methode ohne Kopfrechnung faktisch ablesen.
6. first turn: left, sieht man ebenfalls.

Sind Sie IFR-Schüler, dann schreiben Sie sich auf den Rand eines runden Bierdeckels die Hauptwerte der Kompaß-Rose und üben damit trocken einige Interceptionsaufgaben — sie verlieren nach diesem System völlig ihre Schrecken.

QDR-Interceptionen stellt man sich dagegen am normalen Gyro-Rand vor. Man sieht unmittelbar, wo man hin muß und wie man interceptiert.

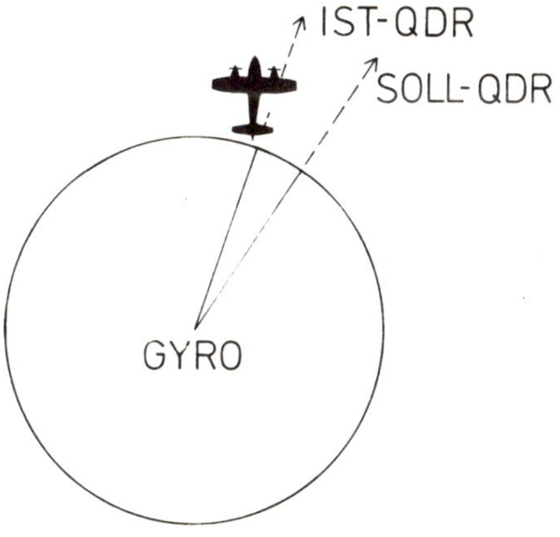

Bei einer QDR-Interception nach Senderüberflug ist es praktisch, mit 30° zu interceptieren, bei größeren Winkeldifferenzen (über 90°) direkt, bei kleineren mit zunächst 30 Sek. Parallelflug. Bei größerem Abstand als 1 Flugminute vom Fix wird mit 45° interceptangle angeschnitten.

Auch bei komplizierteren Interceptionen funktioniert dieses Vorstellungssystem. Nehmen wir an, Sie seien am Funkfeuer bereits vorbeigeflogen und müssen mit 180°/90°/45° interceptieren. Durch die Vorstellung am Kurskreisel gehen Sie wieder von Ihrer Lage mit Blick nach vorne (Flugzeuglängsachse) aus, und dann vom gegenüberliegenden Kurskreiselrand wie oben erläutert.

Sie fliegen beispielsweise 030° und wollen das Funkfeuer mit QDM 340° anfliegen.

1. IST-QDM: 230°
2. SOLL-QDM: 340°
3. Winkeldifferenz: 110° (also mehr als 70°) daher
4. Interception: 180°/90°/45°
5. Erstes Interceptions-Heading: 160°
6. first turn: right

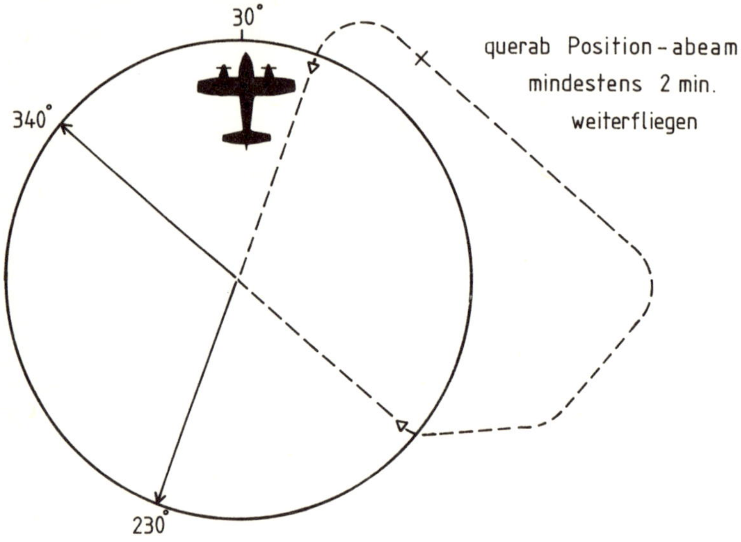

Grundvorstellungshilfe beim ADF: die Nadelspitze sei mit einer langen Gummischnur mit der Station verbunden und weist immer dorthin, gleichgültig, wie das Flugzeug dreht. Damit werden alle Überlegungen am ADF leicht fallen.

*Faustregel homing:*

Verbesserung = 2 x BC (bearing change)

*Faustregel tracking:*

Verbesserung = 2 x geschätzter WCA

*Bei Überkorrekturen:*

jeweils auf die Hälfte zurückgehen

Begriffserläuterungen hierzu siehe unter Kapitel „Abkürzungen, Definitionen“.

**WINDVORHALTEWINKEL-ERMITTLUNG (WCA) FÜR PROCEDURE TURNS (PT) ODER HOLDINGS (HP)**

Es gibt Piloten, die die Hauptwerte der Sinus- und Cosinus-Winkelfunktionen auswendig können, um näherungsweise den Luvwinkel bei Seitenwind und GS für einen genauen Anflug im Kopf zu bestimmen.

Mit folgendem System machen Sie sich das Leben leichter:

Ordnen Sie den Seitenwind wie folgt Faktoren-Zonen zu:

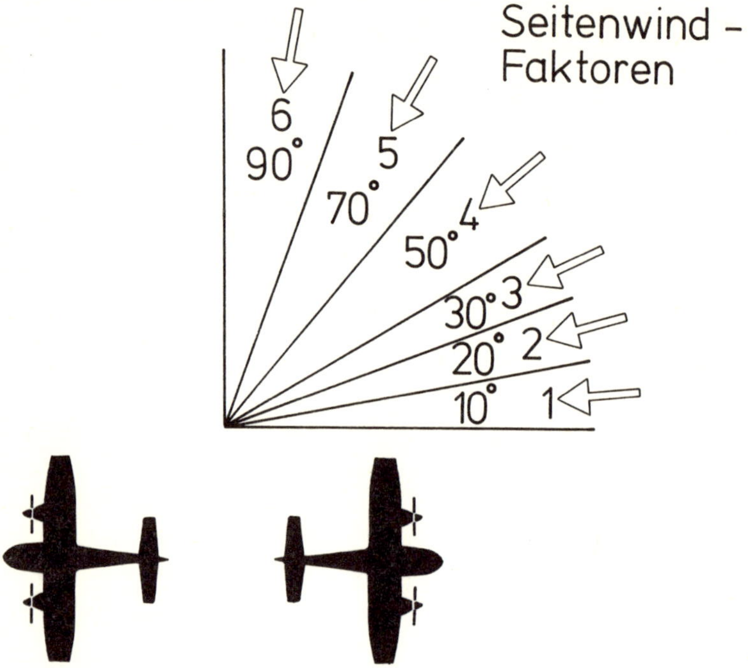


$$\text{Faustformel WCA} = \frac{V_W \text{ mal Faktor (1 bis 6)}}{\text{ein Zehntel TAS}}$$

Beispiel:

inbound track 180°
W: 230°/30 kt
TAS: 120 kt

$$\underline{\text{WCA}} = \frac{30 \text{ x Faktor } 4}{12} = \underline{10^{\circ}}$$

Dieses Beispiel gilt unter der Annahme, daß Sie den Bodenwind,- der magnetisch angegeben wird, hinsichtlich Richtung und

Stärke auf Ihre holding-Höhe umgeschätzt haben (im allgemeinen dreht der Wind über flachem Land der Nordhalbkugel vom Boden bis rund 3.000 ft Höhe um ca. 30° auf rechts und verdoppelt sich bis dorthin an Stärke). Wenn Sie eine Höhenwindangabe verwenden, die rechtweisend gegeben wird, oder sich selbst den Wind in bezug auf rechtweisend Nord erflogen haben, dann müssen Sie den Höhenwind auf mißweisend umrechnen, falls eine größere Ortsmißweisung (VAR) vorliegt, damit er mit dem Zahlenwert des magnetic track der Flugkarte zusammenpaßt.

**HEAD WIND- ODER TAIL WIND-COMPONENTS-ERMITTLUNG (HWC, TWC):**

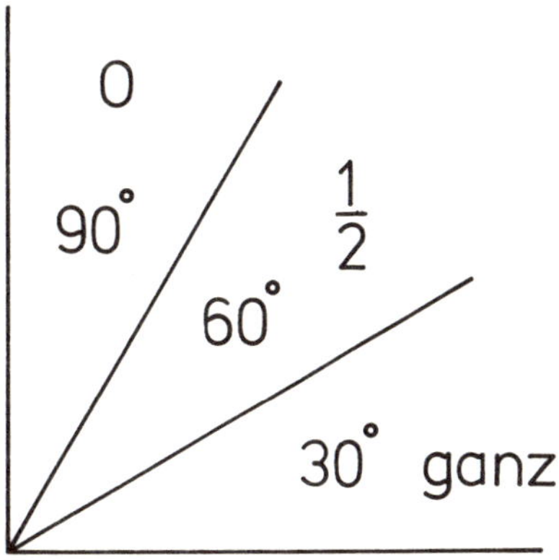


$V_{Gegenwind}$ – bzw.
$V_{Rückenwind}$ – Berücksichtigung in Knoten

ergibt HWC bzw. TWC.

Outbound timing sodann:

+ 1 sec/kt HWC
– 0,5 sec/kt TWC

(Die Knoten HWC oder TWC bei der Flugzeit ab OM in Form von Sekunden ab- oder hinzugezählt, gibt auch übrigens eine grobe Hilfe zur raschen Korrektur von time to go.)

Wir erinnern uns der Verfahrenskurven (procedure turns/base turns, PT). Windkorrektur-Richtwert ist der WCA am final track. Zweimal heißt doppelter WCA, „auf" heißt, outbound fliegend, vom inbound track hinweg korrigieren (öffnen), „zu" heißt die gegenteilige Korrektur (schließen), also:

**PT-TECHNIK**

> *PT-Windkorrekturformel:*
>
> 2 x auf / 1 x zu / volle HWC / ½ TWC

beispielsweise:

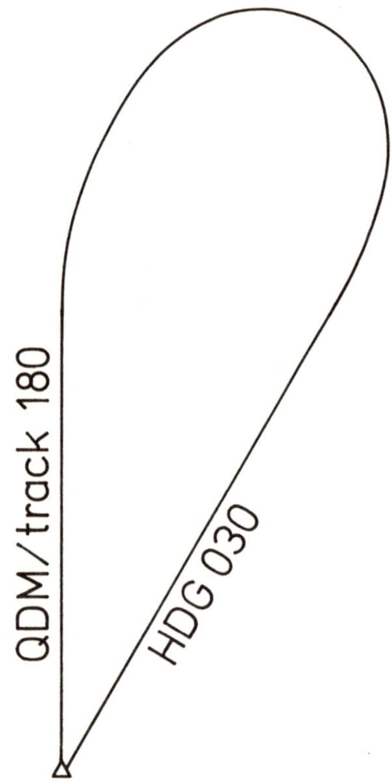


Wind: ø

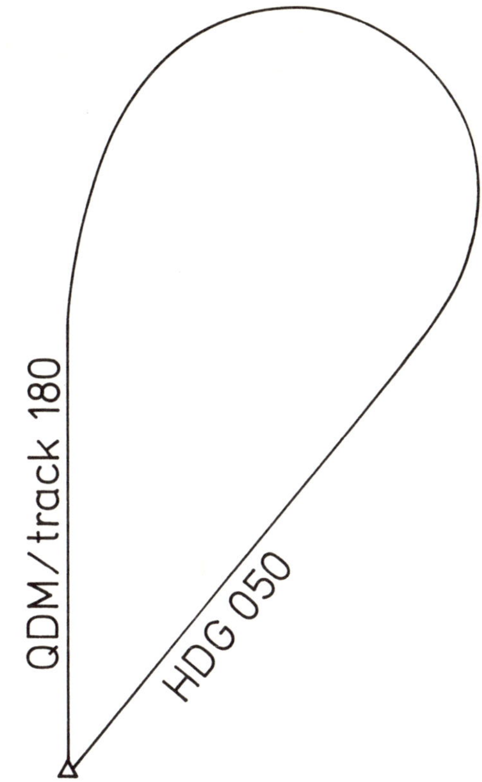


Wind: 090°/20 kt
$030^\circ + 2 \times I = 050^\circ$

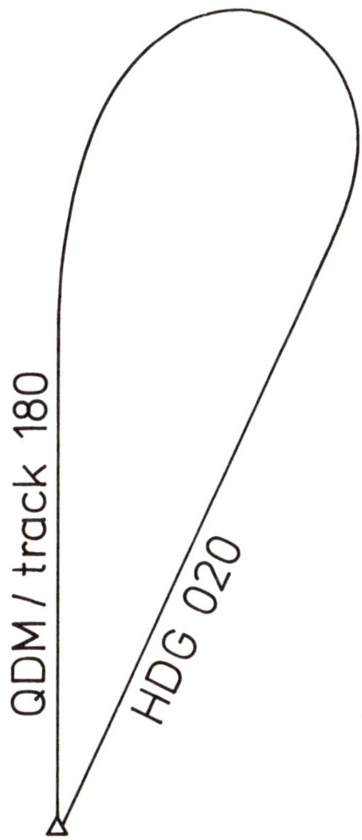


Wind: 270/20
030 ./. 1xI = 020

**PRÄZISE ANFLÜGE DURCH „FLEXIBLES IFR“:**

Bei der Verfahrenskurve als Bereitstellung zum Anflug sieht die Sache anders aus, und zwar stellt man sich das sogenannte gate, interceptiert und fliegt entlang des outbound track. Der Trick dabei ist, daß man sich das outbound track (ideal gate) gemäß Windeinfluß verlegt. Sinn der Sache ist, daß man so sicher wie möglich auf inbound track und über das Funkfeuer kommt, damit der Anflug von Anfang an stimmt und möglichst ruhig wird (besonders wichtig auch bei autopilot beam-coupler APP).

| |
|---|
| *PT Bereitstellung zum APP — outbound track Korrektur:* |
| 1 x auf / ½ x zu / (volle HWC / ½ TWC) |

(Formel-Erklärung siehe oben)

Man nimmt hier also die halben Werte von der normalen Windvorhaltewinkel-Prozedur.

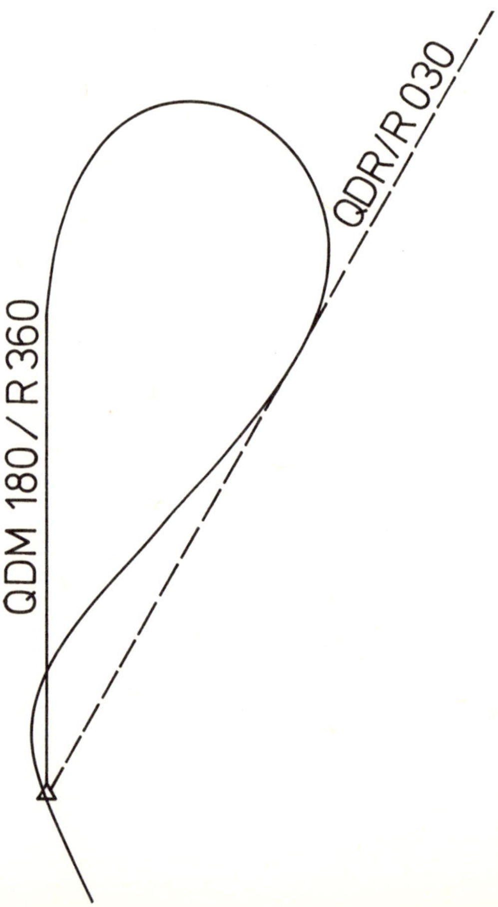


Wind: ø

Wording:
- Time (Zeit outbound)
- HDG (für Interception des gate)
- Check for APP?

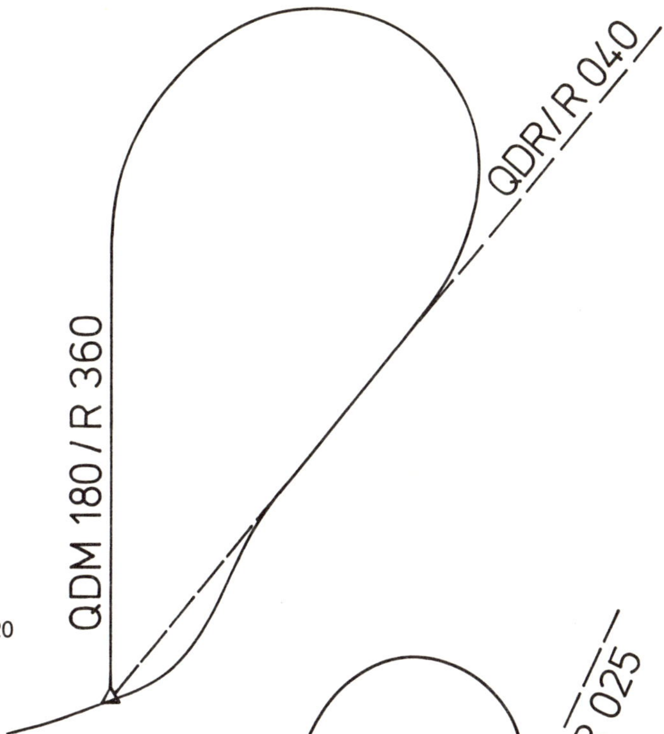


Wind: 090/20

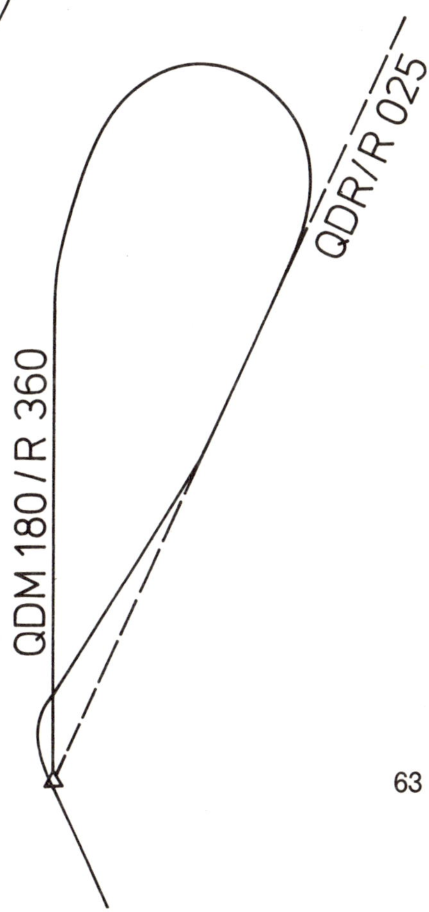


Wind: 270/20

Bei manchen Anflügen ist das holding auf dem OM-Beacon in Richtung inbound track/ILS-Localizer ausgelegt. Es ist günstig, am Set 2 bereits ILS selektiert zu haben, um das „line up“ überprüfen zu können. Wenn Sie nicht genau liegen, fliegen Sie besser noch ein holding (unter Verständigung mit ATC), als ein schlecht begonnenes ILS.

### EINFLUGSEKTOR-BESTIMMUNG BEI HOLDINGS, UND HOLDING-TECHNIK

Wir erinnern uns der ICAO-Empfehlung betreffend Einflug in die Warteschleife (standard rechts herum, non-standard links herum).

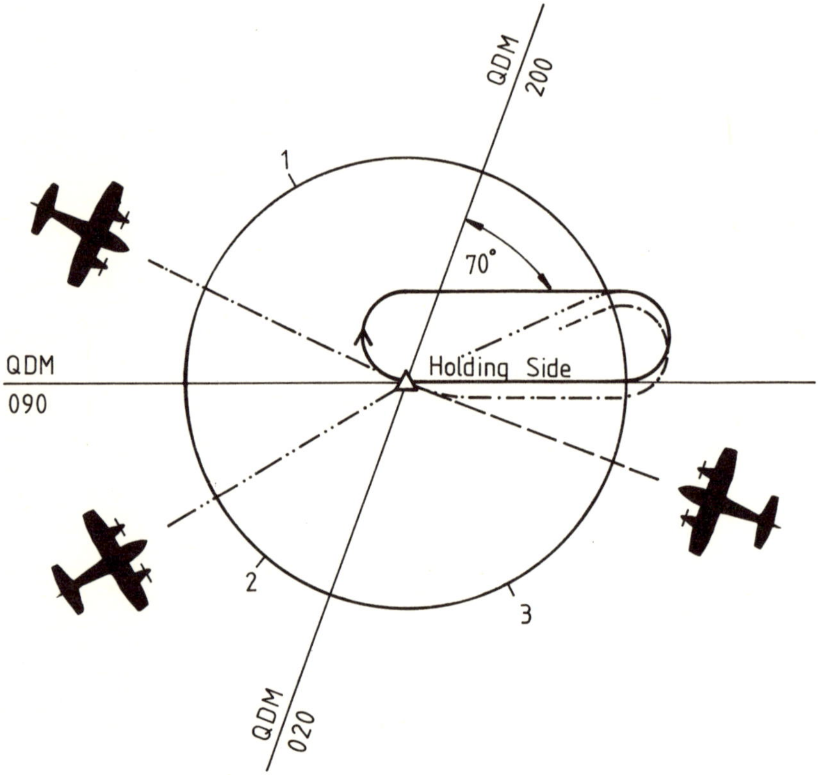

1. Die 70°-Trennlinie geht immer „in die Wurst".

2. Den 70°-Winkel der Trennlinie denken Sie sich am besten am outbound track.

3. Die Richtung der Trennlinie jeweils am gegenüberliegenden Ende vorgestellt, gibt Ihnen die Scheidewand zur Sektorwahl in Grenzfällen.

Besonders unter schlechten Flugbedingungen prägt man sich für das Fliegen von Warteschleifen zwei Dinge ganz fest ein:

a) rechts oder links herum?
b) no wind outbound track?

Zur schnelleren Sektorbestimmung gibt es folgenden Trick (Vorbedingung: Flugzeugnase zur Station):

Halten Sie zwei Finger Ihrer rechten Hand horizontal gespreizt an den Gyro (right hand holding: rechter Finger ca. 20° hoch, left hand holding: linker Finger hoch).

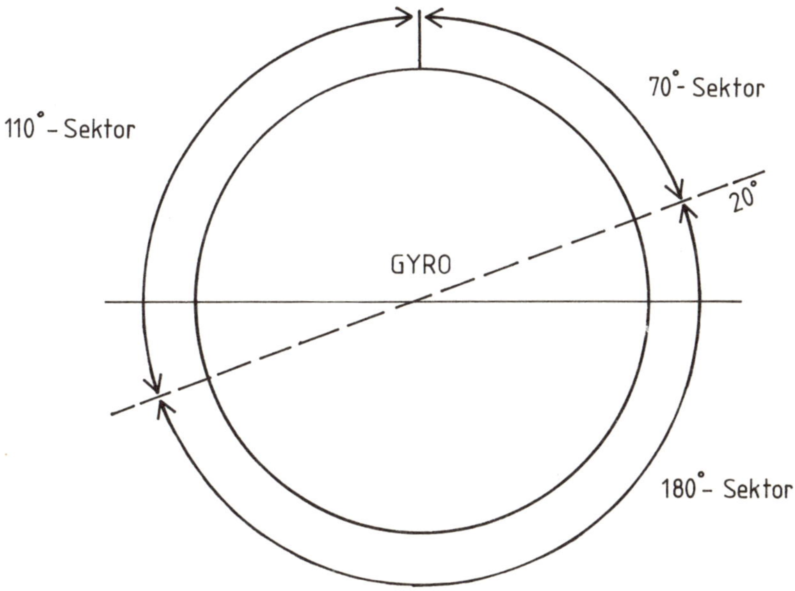

Die drei Einflugsektoren ergeben sich dann automatisch laut Zeichnung. Es ist nun das entry procedure für jenen Sektor zu fliegen, in welchen das outbound heading fällt! (Erstens: 110°-Sektor: parallel outbound entry, auch opposit entry genannt; zweitens: 70°-Sektor: procedure turn entry, auch tear drop entry, off set entry, diagonal entry genannt; und drittens: 180°-Sektor: direct entry).

Im Zweifelsfalle fliegen Sie in die Warteschleife grundsätzlich so ein, daß Sie nicht zu weit auf die non-holding-Seite geraten.

Beim Einflug in das holding ist auch auf die Fahrt zu achten. Richtige Fahrt gibt mehr Sicherheit. Auch leichtere 2-Mots können im Sinkflug teilweise für holdings schon zu schnell sein, und das Einkurven führt dann u.U. aus dem Schutzraum hinaus.

In Warteschleifen (lt. ICAO) maximal zulässige Geschwindigkeiten:

| Flugflächen (a) | Propeller | Jet | |
|---|---|---|---|
| | | Normal | Turbulenz |
| Bis 6.000 ft inkl.<br>Über 6.000 bis 14.000 ft inkl.<br>Über 14.000 ft | 170 kt<br>170 kt<br>175 kt | 210 kt<br>220 kt<br>240 kt | 280 kt oder Mach 0,8,<br>je nach dem, welche<br>geringer ist (b) |

(a) Altitude oder flight level, in Abhängigkeit der Höhenmessereinstellung.

(b) Die Geschwindigkeit von 280 kt, resp. Mach 0,8 darf nur mit vorheriger Bewilligung von ATC geflogen werden.

Über Funkfeuern liegt der Schweigekegel, in welchem keine brauchbare Peilanzeige gegeben ist. Mit zunehmender Flughöhe wird naturgemäß der Durchmesser dieser toten Zone größer.

| Holding-outbound-time | |
|---|---|
| Bis FL 140 inkl. | über FL 140 |
| 1 min | 1 min 30 sec |

*Windkorrekturformel holding pattern:*

2 x auf / 2 x zu / volle HWC / ½ TWC

(Formel-Erklärung siehe Einleitung zu Kapitel PT-Technik),

beispielsweise:

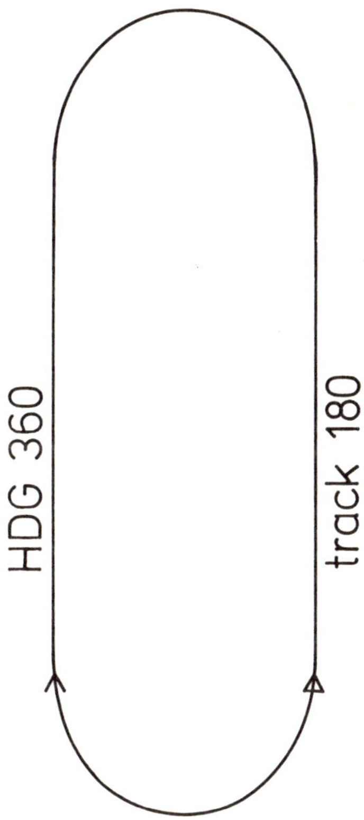


Wind: ø
inbound wird „getrackt"

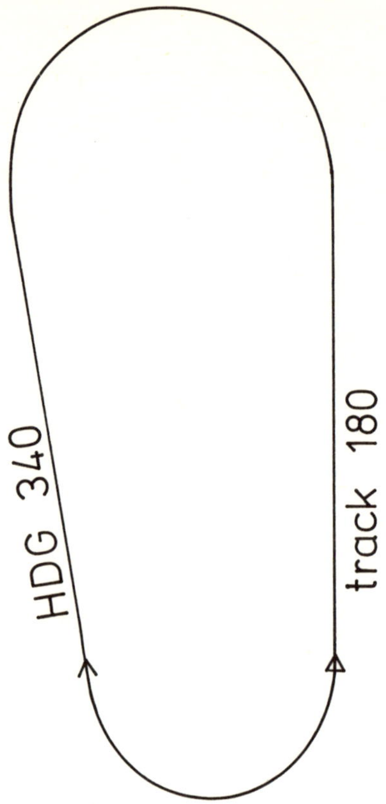


Wind: 270/20

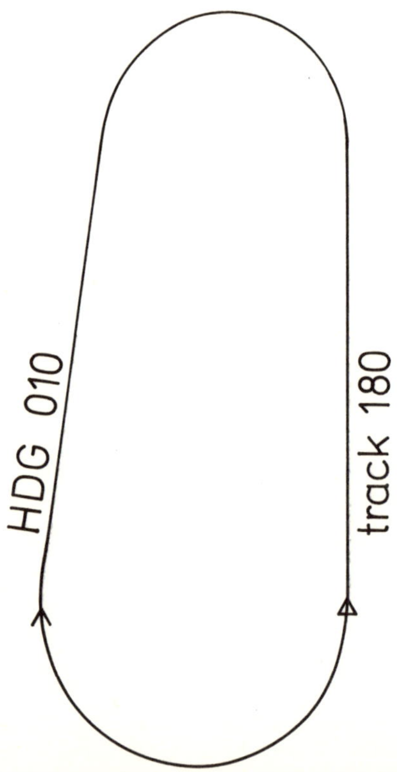


Wind: 090/20

*HP-Bereitstellung zum APP:*

Das ideal gate wird mit bis zu $15^o$ interceptiert (das HP „zuge macht"), und das gate eben entsprechend dem Wind verlegt, und zwar wieder mit den halben WCA-Werten.

| |
|---|
| HP Bereitstellung zum APP – gate Korrektur: |
| 1 x auf / ½ x zu / volle HWC / ½ TWC |

(Formel-Erklärung siehe oben), z.B.:

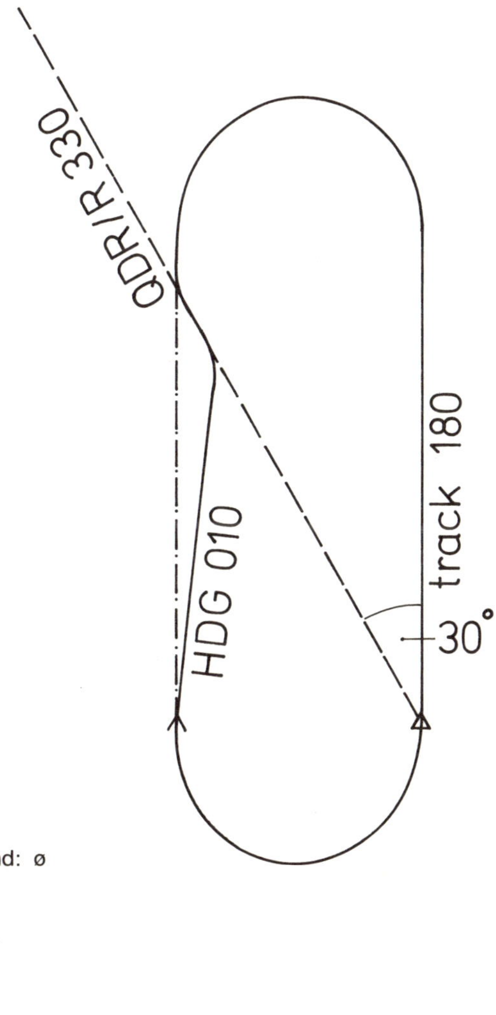


Wind: ø

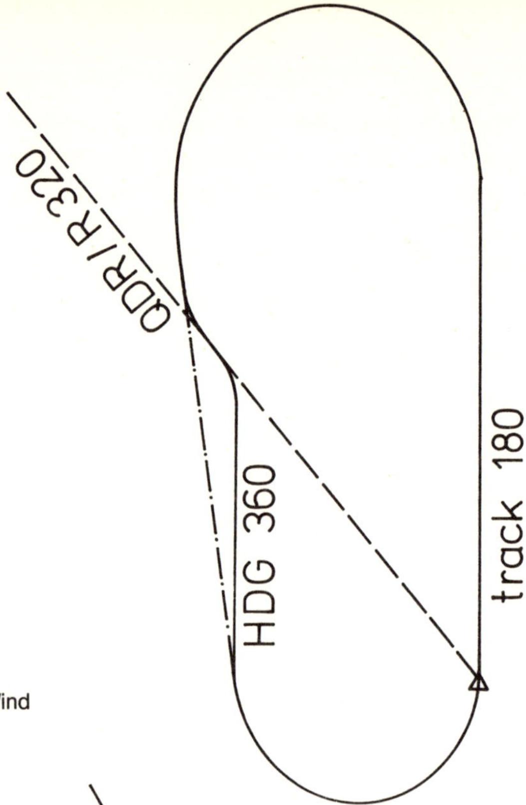


Wind: 270/20
gate wird also
gemäß dem Wind
verlegt.

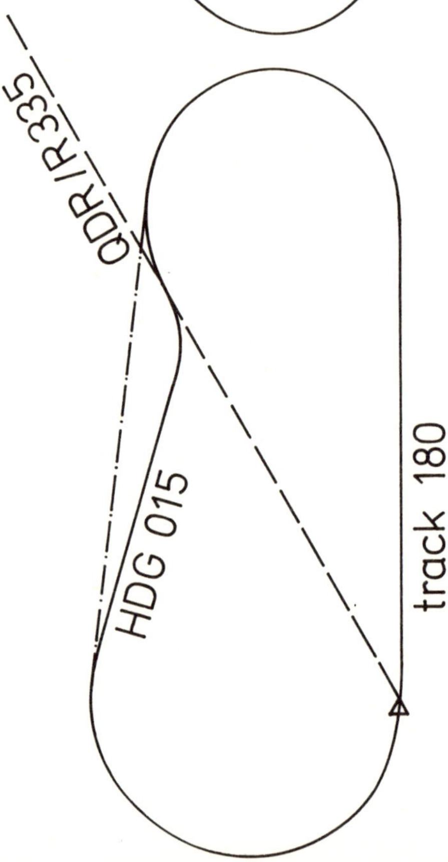


Wind: 090/20
gate gemäß
Wind legt.

Aus der Konstruktion dieser Seitenwindformeln leuchtet u.a. hervor, daß man tunlich inbound track nicht überschießt, sondern möglichst auf der Holding-Seite bleibt.

Eine solche Interception (für IFR als „Murks“ zu betrachten):

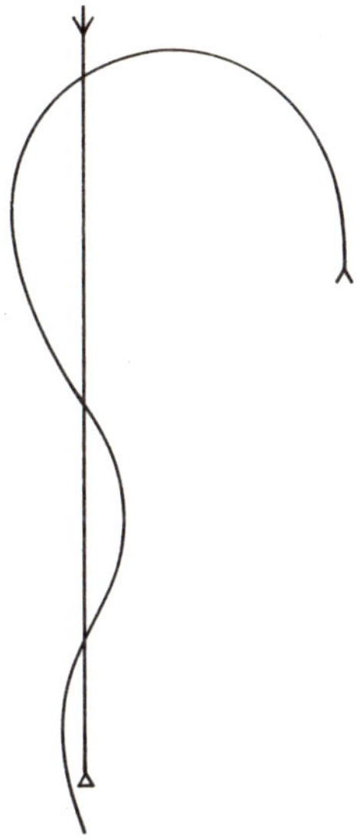

ist sicher ungünstiger und für autopilot- oder flight director APP überhaupt ungeeignet, als (übertrieben gezeichnet) diese:

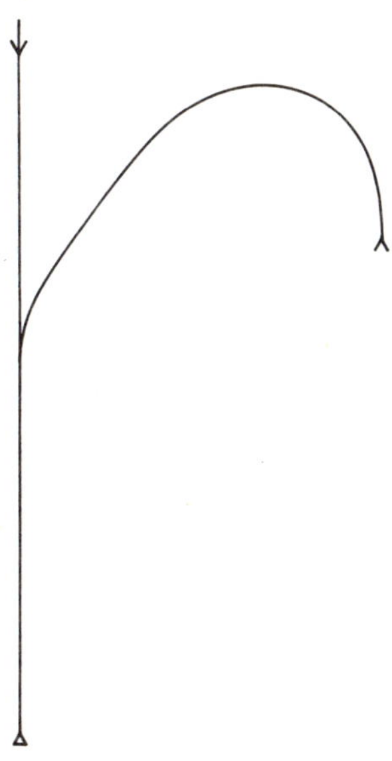

Nicht nur bei positioning for approach, sondern auch bei sehr starkem und womöglich wechselndem Seitenwind kann es wichtig sein, so früh und präzise wie möglich auf inbound track zu gelangen. Man soll grundsätzlich stets mit schlechtesten Bedingungen rechnen, man wäre sonst schließlich nicht IFR-Pilot.

Wenn Sie in einem VOR-Holding zum Funkfeuer hin eindrehen, sind zwei grobe, einfache checks der 90°-check und der 45°-check. Wenn der Inbound-Kurs am gyro bei der 90°-Marke durchgeht, soll die Nadel im VOR (inbound track eingestellt) noch nicht laufen. Check-Phrase: „90°-check, CDI (course deviation indicator) läuft noch nicht“. Wenn der Inbound-Kurs am gyro zur 45°-Marke kommt, soll die Nadel laufen. Check-Phrase: „45°-check, Nadel läuft“. Wenn sie nicht läuft, müssen Sie aufrichten und interceptieren. Es könnte nun passieren, daß Sie beispielsweise mit 30° interceptieren, aber ein so starker Seitenwind auftritt, daß Sie trotz der 30°-Interception gar nicht mehr auf inbound-track *vor* dem Funkfeuer gelangen. Um hier sicher zu gehen, gibt es den Trick, auf dem VOR kurz Ihr intercept-heading einzudrehen; wenn Ihnen das VOR als Kommandogerät dann anzeigt, daß Sie vom inbound-track weg verbessern sollten, so liegen Sie mit Ihrem Manöver eben noch innerhalb des holdings.

Gemäß dieser Überlegung können Sie bei einem parallel outbound entry, inbound drehend, in einem stumpferen Winkel inbound-track interceptieren und sich auf genannte Weise vergewissern.

*VOR-Einstellung*

1. Wenn Sie wollen, das timing Radial,
2. dann aber stellen Sie sich das ideal gate ein,
3. bei time elapsed kurven Sie und stellen gleichzeitig auf inbound track um.

### TRIMMUNG

Trimmen ist bei IFR besonders wichtig. Ausgangspunkt ist die jeweilige Konfiguration des Flugzeuges. Am besten macht man es bei kleinen Maschinen so, daß man zuerst richtig steuert und dann den Steuerdruck wegtrimmt. Es dauert sonst zu lange. Das richtige Trimmen ist deswegen fast lebenswichtig, weil man bei IFR ein völlig stabilisiertes Flugzeug braucht, um frei für das sonstige cockpit work zu sein.

### FUNKNAVIGATIONSHILFEN

Nützen Sie, wo immer möglich, *alle* Ihnen zur Verfügung stehenden Navigationshilfen. Alle Geräte, die Sie brach beiseite lassen, sind ein Sicherheitsfaktor weniger. Wenn Sie beispielsweise Ihr freies ADF auf ein seitlich gelegenes NDB einstellen, dann haben Sie im Vorbeiflug förmlich eine horizontale Situationsdarstellung, eine optische Anzeige, wie Sie sich auf der Streckenführung räumlich weiterbewegen, und (auch ohne DME) eine praktische Vorwarnung, wann Sie sich dem nächsten Fix nähern.

Wenn Sie gedanklich die Nadel des ADF auf den Kurskreisel hinüber parallel verschieben, so haben Sie, ohne rechnen zu müssen (MH + RB = QDM), sofort das QDM oder QDR.

Vergessen Sie nicht, auch wenn Sie unter Druck stehen, inbound zu fliegende radials auf dem VOR als track einzustellen ($\pm 200 \mp 20$).

Seitenpeilungen für Intersectionen aber stellt man einheitlich (auf NAV 2) besser als radials ein, wie auf Streckenkarten eingetragen, und versetzt sich zur bildlichen Vorstellung, von welcher Seite her der Kursabweichungszeiger einlaufen muß, gedanklich in das seitliche VOR mit Blickrichtung zum eigenen Flugzeug. Als Regel ergibt sich dann automatisch, daß bei einem rechts seitlich stehenden VOR die CDI-Nadel immer von rechts einlaufen muß, bei einem links stehenden VOR immer von links, sonst ist man bereits über die Intersection hinweggeflogen.

Die einfachste Grundüberlegung, daß in Richtung rechts Grade zunehmen und nach links abnehmen, spielt hier und in vieles andere herein, so auch beispielsweise beim $90^{o}(10^{o})$-time-distance-check. Steht hiebei das Funkfeuer ca. $90^{o}$ rechts, geht ein Peilsprung auf einen höheren Wert.Auf dem VOR ist daher für das Stoppen der Zeit des $10^{o}$-Peilsprungs mit dem Starten der Stoppuhr auf einen $10^{o}$ höheren From-Wert zu drehen, steht das Funkfeuer links, auf einen niedrigeren Wert. (Die verstrichenen Sekunden bis zum Durchlaufen der CDI-Nadel geteilt durch 10 bedeuten den Abstand vom Funkfeuer in Flugminuten.)

Es ist günstig, NAV 1 als Navigationshauptgerät zu betrachten, nach welchem man fliegt. Bis ca. zur Mitte zwischen zwei Stationen fliegt man zwecks größerer Genauigkeit mit radial information, danach mit track information.

## KOMBINATION VFR – IFR (Z-FLUGPLÄNE, Y-FLUGPLÄNE ETC.)

Nützen Sie diese Möglichkeiten, sie helfen oft in ungeahnter Weise weiter, auch u.U. auf Strecke, um abzuschneiden und Zeit und Treibstoff zu sparen. Widerstehen Sie aber der Versuchung, einen VFR-Teil bei zweifelhaftem Wetter zu absolvieren; diese „privaten IFR-Verfahren“, von irgend einem Radiosender weg in einen VFR-Platz hineinzuzaubern, oder zu versuchen, aus Gebirgstälern heraus in Tiefflugakrobatik zum nächsten Funkfeuer zu gelangen und dort einzufädeln, führen früher oder später unweigerlich in die Katastrophe.

## FLIGHT LOGS

Machen Sie aus Ihren privaten (Navigations)-Flugplänen zudem eine Gedächtnisstütze, indem Sie beispielsweise ersichtlich machen, wann die Tanks umzuschalten sind, eventuell, wann Sie etwa im Steigflug die Pumpen auf „low“ stellen sollen, welche Funkfrequenzen Sie voraussichtlich zu erwarten haben, etc., so daß Sie mit einem kompletten Leitfaden auf den Knien und eigenem Wissen beruhigt fliegen, auch wenn der Funk kaum zu verstehen ist oder Schlechtwetter das Nachschlagen von Daten im Flugzeug zum Problem oder fast unmöglich macht. Die Praxis zeigt, daß Privatpiloten mit der Zeit immer weniger und dann oft nichts mehr eintragen.

**SHORT HAND UND ANDERE GEDÄCHTNISSTÜTZEN:**

Schreiben Sie beim Sprechfunk das Wesentliche mit, auf jeden Fall aber Freigaben und Freigabegrenzen, Sie entlasten sich damit für Ihre übrigen „cockpit work“-Aufgaben und fliegen sicherer. Notieren Sie mindestens die Überflugzeiten und stellen Sie, sobald Sie frei sind, die geschätzte nächste Überflugzeit mit der Stellmarke auf der Borduhr ein. Wir leben zwar im Zeitalter des DME, aber wie oft funktioniert es nicht oder liefert falsche Werte. Seien Sie mit Ihren Überlegungen und insbesonders mit Ihren Zeitkalkulationen dem Flugzeug voraus.

**VOICE UND COCKPIT WORK:**

Wählen Sie die zu erwartende nächste Sprechfunkfrequenz bereits auf dem zweiten set vor. Benutzen Sie auf einer nicht vertrauten Strecke bei der Einrastung von Sprechfunkfrequenzen die beiden Geräte abwechselnd. Sollten Sie eine Station nicht hereinbekommen oder sollte etwas falsch sein, brauchen Sie nur auf das vorher benutzte set zurückschalten und Sie haben wenigstens sofort wieder Funkkontakt mit der alten Station. Ansonsten beginnt die Sucherei, wenn man die Frequenz vergessen und nichts mitgeschrieben hat.

Scheuen Sie sich nicht, auch der Flugsicherung „stand by“ zu antworten, wenn Sie gerade mitten in wichtigen Handgriffen und beispielsweise wegen irgend einer Panne überlastet sind. Sicherlich hat der Sprechfunk, bei allem Segen, auch schon so manchen Piloten in prekärer Lage erst recht ins Schwimmen gebracht, infolge Teilung der Aufmerksamkeit. Häufige Fehler sind auch, daß man das power setting unterbricht und dann vergißt, fertig zu machen, oder VOR-Frequenzen eindreht und dann die Kurswahl nicht vornimmt. Bei der VOR-Bedienung gehört zur Frequenzwahl unmittelbar die Kurswahl.

Lesen Sie jede Freigabe im Interesse der eigenen Sicherheit *langsam* und deutlichst zurück. Lassen Sie sich weder antreiben noch nervös machen. Es steht übrigens auch nirgends geschrieben, daß Sie im Sprechfunkverkehr ebenso schnell sprechen müssen, wie es der andere tut, oder wie es die Linienflugzeuge um Sie herum abwickeln.

Das Interesse der Flugverkehrsleiter liegt vornehmlich darin, in knappem, zeitökonomischen Funkverkehr ein Maximum an Klarheit und an Informationen über die Verkehrslage zu erhalten sowie zu erteilen, und mit größtmöglicher Sicherheit die Separierung der Luftfahrzeuge durchzuführen. Es gibt ein Schlagwort „silent control“, welches drastisch ausdrücken will, daß man sich im Sprechfunkverkehr möglichst auf das Wesentliche beschränkt. Eine große Behinderung sowohl für den Kontrollturm von Flughäfen als auch für die dort an- und abfliegenden Luftfahrzeuge stellen oft jene Piloten dar, die auf Plätzen beheimatet sind, wo ein umständlicher Sprechfunk fast zum Selbstzweck erhoben ist. Phrasen wie „thank you very much for your good cooperation“ oder ähnliches sind absolut sinnlos, man stiehlt damit den anderen nur wertvolle Zeit für wichtigeres, oder verlängert anfliegenden Flugzeugen den Anflug, wenn sich diese über den Meldepunkten nicht zeitgerecht in den Funksprechverkehr einschalten können (man denke z.B. an sehr schnelle Flugzeuge).

Die Qualität der Sprechfunkgeräte leichterer Flugzeuge ist oft, vorsichtig ausgedrückt, nicht gerade die der Linienmaschinen. Auf einwandfreie Mikrofonbedienung ist daher besonders zu achten.

**APPROACHES:**

Zunächst das Wetter abhören (volmet), sowie ATIS, und damit eine Anflug-Vorplanung, inklusive der zu erwartenden Frequenzen, erstellen.

Es kann nicht genug betont werden, daß im Instrumentenflug immer und absolut verläßlich Punkt für Punkt nach checklists zu arbeiten ist. Erklärend sei hier herausgehoben, daß man Anflüge grundsätzlich, sowie Starts, auf den Haupttanks macht. Cessna-Flugzeuge beispielsweise haben ein entsprechendes Pumpensystem mit elektrischen Sicherheits-Zusatzpumpen in den Haupttanks, die einen gewissen Vordruck zum Brandhahn bzw. Triebwerk sicherstellen und im Anflug in der Stellung „on" eine automatiche Sicherheitseinrichtung bedeuten, wenn die motorgetriebene Kraftstoffpumpe ausfallen sollte. Bei Cessna-Flugzeugen mit Flächenspitzen-Außentanks ist zusätzlich in diesen eine kleine Benzinumwälzpumpe eingebaut, die bei steilen Anflügen mit niedrigem Kraftstoffstand das Benzin noch ausreichend zur Absaugöffnung der normalen Zusatzpumpe anfördert. Anflüge auf den Hilfstanks sind Fehler in der Praxis, die bei genauer Beachtung der Prüflisten nicht vorkommen solten.

Approach charts prägt man sich gut ein; nur nach Blatt gelesene Anflüge sind unsicher. Andererseits sind nur-auswendig geflogene Anflüge unzulässig. Die Karten müssen aufliegen. Keine Höhen auslassen.

Wenn auf einem Großflughafen mehrere richtungsähnliche Pisten vorhanden sind, dann ist es sehr zweckmäßig, sich anhand der Anflugkarte schon vorher zu überlegen, auf welche Weise Sie die Verwechslung der Pisten ausschließen können, falls Sie im letzten Moment auf eine andere Landebahn umdisponiert werden.

Gefährlich ist es auch, sich täuschen zu lassen, wenn bei richtungsgleichen oder richtungsähnlichen Pisten zuerst die andere Rollbahn in Sicht kommt, besonders beim Übergang vom Instrumentenflug auf Sichtflug (z.B. Zürich, Berlin-Schönefeld).

Keine Anflugverfahren mischen, sondern durchstarten und das andere Verfahren neu beginnen.

Charakteristik precision approach (full ILS, GCA):

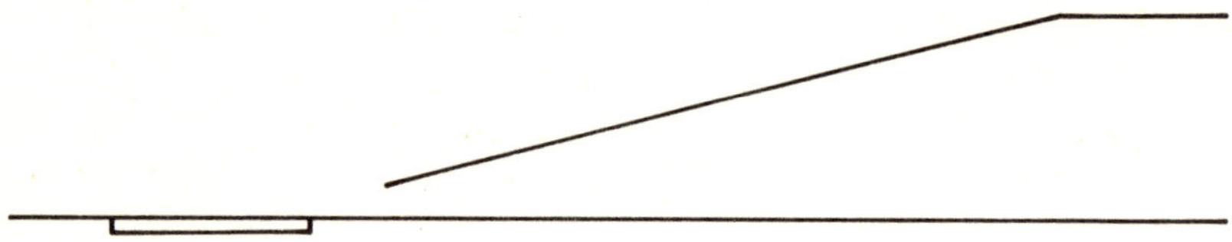

Charakteristik nonprecision approach (NDB, ILS bei glide slope unserviceable, SRE, VOR, DME):

Besondere Gebote:

Keine Höhen auslassen
Exakte Bestimmung von ROD
Exakte Zeitkontrollen
Exaktes Höheneinhalten
Keine Überkorrekturen

Berechnen Sie unbedingt Ihren point of descent (POD) und erbitten Sie die Sinkflugfreigabe mit etwas Zeitpolster. Denn ATC braucht einige Zeit um Sie zu bedienen — mit einer schnellen Maschine sind Sie dann bereits weiß Gott wo — und ein flacher Sinkflug ist, wenn es die Verkehrssituation erlaubt, meist Basis für einen ruhigen, genauen Anflug; er ist dergestalt auch schonend und damit wirtschaftlicher. Teilen Sie sich genügend Zeit für eine gute Anflugvorbereitung ein. Auch wenn Sie allein am Steuer sind, machen Sie ein *approach briefing* und sprechen Sie laut:

Type of approach
RWY
Final course
Initial altitude
OM check altitude
Minimum altitude
Time to fly
Overshoot procedure (muß auswendig gekonnt werden)

Ihre Leistung wird es Ihnen danken.

Verrichten Sie auch immer Ihre Aktionen gewissenhaft, möglichst in der gleichen Reihenfolge, und insbesondere die *checks for approach* lückenlos, je nach Flugzeugtypus und Situation. Bei einer der C 310 wäre beispielsweise in etwa empfehlenswert:

When passing transition level:

| | |
|---|---|
| altimeters, gyros, navigation | set |
| boosters | high |
| heater | off |
| main tanks | on |
| mixture | rich |
| power | for approach |

Bei ILS-approach:

| | |
|---|---|
| gear | down |
| gear lights | checked green |
| flaps | adjusted |
| power | adjusted |

Anmerkung: Wenn Sie das intermediate fix überflogen haben und zum ILS kommen, stellen Sie aus Sicherheitsgründen NAV 2 ebenfalls auf die Localizer-Frequenz. Weiters ist es guter Brauch, die Kurswähler auf ILS approach-course zu drehen. Dies hat zwar technisch auf das Gerät keinen Einfluß, bildet aber ein sehr praktisches optisches Erinnerungssignal für den Piloten.

Dann der outer marker (OM)-check:

| | |
|---|---|
| time | checked |
| altitude | checked |
| speed | checked |
| landing lights | checked on |
| repeat minimum | |

Bei Ännäherung an das Minimum rufen Sie laut aus: „(100) ft above minimum“.

Am Minimum:

| | |
|---|---|
| gear | rechecked |
| flaps | set for landing |
| props | rechecked forward |
| mixture | rechecked forward |

Ein solches System oder ein anderes richtiges immer wieder angewandt, läßt es in Fleisch und Blut übergehen, und Ihre Souveränität wird wachsen.

Das Geheimnis eines präzise gesteuerten Anfluges liegt darin, Abweichungen so früh wie möglich zu erkennen und die Korrekturrichtung nur kurzfristig beizubehalten. Sie stehen beispielsweise im Endteil eines ILS-Anfluges geringfügig nebendem Localizer-Leitstrahl: Korrektur z.B. 3°, aber nur wenige Sekunden. Sie müssen bereits auf Ihr altes windbewährtes heading zurückdrehen, bevor die CDI-Nadel wieder zur Mitte zurückläuft, sonst überschießen Sie und kommen in ein fortwährendes Pendeln hinein. Dieses Pendeln hat u.U. noch größere Abweichungsanzeigen zur Folge, zumal Sie sich mit Annäherung zur Piste auch zur Spitze der gemessenen Winkel bewegen und die Anzeigen naturgemäß immer feiner werden.

- „Überkorrekturen sind der Anflugfeind Nr. 1."

War die Korrektur zu gering, dann macht man unmittelbar darauf eine zweite. Dies ist besser, als zu überschießen. Gleiche Prinzipien gelten für die Korrekturen am Gleitweg.

Die genannten Grundsätze lassen sich auch sinngemäß auf das NDB-Anflugverfahren anwenden. Bei tracking unter Seitenwind kommt dort allerdings dazu, daß infolge der relativen Peilung zur Flugzeuglängsachse die ADF-Nadel nicht in der Mitte steht. Den Windvorhaltewinkel steuert man dann richtig, wenn die Peilung „steht", also die Nadel sich nicht rührt. Zur zusätzlichen Kontrolle drehe ich manchmal das Flugzeug einen Augenblick lang auf Anflugkurs: die ADF-Nadel muß dabei genau in die Mitte gehen. Beim sofortigen Zurückdrehen um den Luvwinkel auf den vorherigen Steuerkurs korrigiere ich kurzfristig um etwas mehr als den Luvwinkel, um die seitliche Versetzung während des Manövers auszugleichen. Der Anflug ist dadurch vielleicht nicht so gleichmäßig, eine solche zusätzliche Kontrolle aber beruhigt ungemein, da man daraus weiß, ob das Flugzeug tatsächlich zur Station bzw. Landebahn weist, wenn man den Anflugkurs steuert.

Bei marginalen Sichtverhältnissen ist der Fahrthaushalt äußerst wichtig: mit Überfahrt erschweren Sie sich den Anflug ungemein.

Als Regeln beachten Sie auch:

- „Flughandbuch griffbereit"

- „Mit Fahrwerk-Notbetätigung vertraut"

Es ist guter Brauch, bei Kontrolle der Fahrwerkanzeigeleuchten auf „grün" mit der rechten Hand zu den Leuchten hinzufahren und mit dem Zeigefinger daraufzuweisen, um jede Verwechslung mit anderen Anzeigen auszuschließen. Bei Sonne oder hellem Licht schatten Sie mit der Handfläche die Anzeigeleuchten ab, um sicher festzustellen, ob diese auch wirklich selber leuchten.

Aus gleichen Sicherheitsgründen ist es zweckmäßig, erst ab dem

Abrollweg die Landeklappen einzufahren, damit bei Verwechslung mit dem Fahrwerkschalter der Bodensicherheitsschalter infolge Belastung des Bugradfederbeins ein versehentliches Einfahren des Fahrwerks verhindert (evtl. Ausnahme: nötiges starkes Bremsen lt. Handbuch).

*Motorausfall im Anflug*
Steuertechnisch erste Reaktion: Seitenruder dagegen, zweiter Gedanke: $5^{\circ}$ bank zum gesunden Motor, drittens: Maschine nicht auf den Kopf gehen lassen, das ist *eine* fließende Steuerbewegung. Gleichzeitig gilt die Regel: „power, performance, action" wie beschrieben.

Jetzt spielt der Grundsatz herein, daß der Höhenüberschuß wichtiger als der Fahrtüberschuß ist, das heißt, halten Sie den localizer, aber bleiben Sie, innerhalb der Geräteanzeige, so hoch über dem Gleitpfad als es Ihre Einmotorengeschwindigkeit erlaubt; wenn Sie Eisansatz haben oder Leistungsabfall am gesunden Motor, könnten diese dots entscheidend sein, ob Sie gerade noch in den Platz hineinkommen oder nicht und damit evtl. „sein oder nicht sein" bedeuten.

*Sichtanflüge nachts*
Beachtenswert ist auch, daß man bei Sichtanflügen *nachts* (und nehmen wir an, auch „glide path out") infolge optischer Täuschung dazu neigt, in einem erheblich zu flachen Winkel, also zu niedrig, im Endteil anzufliegen.

Weitere häufige Fehler nachts: zu hohes Abfangen des Flugzeuges über der Piste, oder zu langes Ansteuern der Rollbahn-Mittellinien-Leuchten und damit Aufsetzen als erstes auf dem Bugrad anstatt auf dem Hauptfahrwerk. Wer selten nachts fliegt, sollte dazwischen regelmäßig Nachtlandungen mit einem erfahrenen Sicherheitspiloten üben.

In Wolken und Schneefall wegen der Blendwirkung Landescheinwerfer ausschalten, jedoch gegebenenfalls ausgefahren bereithalten.

Besonders ungünstig wird die Situation, wenn im Endteil des Landeanfluges plötzlich Schneefall oder Schneetreiben einsetzt, und Sie auf den Griff zu den Schaltern der Landescheinwerfer nicht gefaßt sind. Die Schneekristalle wirken wie Reflektoren, und Sie sehen u.U. fast schlagartig die Rollbahn nicht mehr. Prägen Sie sich daher unter anderem auch den Griff zu den Landescheinwerfer-Schaltern genau ein, damit Sie diese nötigenfalls ohne Verzögerung fast blindlings finden.

Wenn Sie die Landebahn aus den Augen verlieren, ist umgehend das Overshoot-Verfahren einzuleiten.

*Kontrolle durch ADF*

Erwähnt sei, daß ADF-Anzeigen beim ILS-approach nicht hoch genug eingeschätzt werden können, wo compass locators aufgestellt sind. Wenn Sie kein RMI haben, dann machen Sie sich eines aus Ihrem Radiokompaß mittels MDI. Dieses auf Ihr jeweiliges intercept-heading nachgestellt, liefert Ihnen laufend richtige QDM und gibt Ihnen eine Vorwarnung, damit Sie nicht das ILS überschießen, also zusätzliche Sicherheit. Stichwort hiezu, auch in bezug auf die anderen Instrumente:

| |
|---|
| Scheibenwischer-ILS |

Ich halte das völlige Abstellen eines Motors bei Check- oder Trainingsflügen für unnötig und vom Sicherheitsstandpunkt aus für unzweckmäßig. Der Teufel schläft nie. Man kann sehr viel vom Einmotorendrill trocken am Boden einüben. Wenn man dagegen einen Motor im Flug völlig stillegt, schenkt man zumindest einen Teil der Sicherheit, die der zweite Motor bietet, von vornherein her. Auch sind manche Twins technisch dergestalt konzipiert, daß gewisse Aggregate nur von einem bestimmten Motor her versorgt werden. Wenn man nun ausgerechnet diesen Motor abstellt, dann fährt beispielsweise das Fahrwerk nicht aus, etc. Zum Demonstrieren des Einmotorenfluges soll man daher besser die Leistungseinstellung an einem Motor vornehmen, welche einen ausgefallenen Motor simuliert. Mit einem solchen power setting an einem Motor für ungefähr Null-Schub („zero thrust value") läßt sich praktisch ohne Risiken der Einmotorenflug trainieren und man kann vor allem den Einmotoren-*Anflug,* der ja in niedriger Höhe erfolgt, gefahrlos üben. Es geht eine beachtliche Anzahl an Verlusten von teurem Fluggerät und auch von Menschenleben auf das Konto gutgemeinter Einmotorenflug-Übungen oder Prüfflügen mit einem abgestellten Motor zurück.

*Circling approaches*

Wie *circling approaches* richtig geflogen werden, ist in der allgemeinen Luftfahrt vielfach unbekannt; sie werden auch im Schrifttum kaum behandelt. Besonders in der IFR-Praxis mit kleineren Maschinen aber werden Sie oft auf Flugplätzen mit mehreren Landebahnen landen, von welchen nur eine für Instrumentenanflüge ausgerüstet ist, und diese oft nur von einer Seite. Solche Plätze sind für circling-Verfahren prädestiniert, und auch jene Plätze, auf welchen wegen Terrain- und Rückenwindverältnissen vielfach „circle to land" auf die Gegenrichtung zum Instrumenten-Anflugverfahren zu fliegen ist. In vielen veröffentlichten Anflugverfahren (ILS, VOR, NDB) ist auch für circling vorgesehen. Es wird den non-precision-Verfahren zugeordnet.

Circling gilt bei marginalem Schlechtwetter als eines der schwierigsten Anflugverfahren. Ein spezielles approach briefing ist sohin Gebot, wie z. B.:

> Type of approach: ILS rwy 16 with circling to rwy 34
> Final course: 158
> Initial altitude: 4.000
> OM check altitude: 3.000
> *Circling* minimum: 2.460
> Time to field: .....
> Overshoot procedure: lt. LC
> Configuration on ILS: gear down, flaps (z. B.) 10°
> on visual final: full flaps

Der erste wichtige Tip besteht darin, daß man das Verfahren *nicht* mit vollen Klappen beginnt, es wäre sonst sehr schwierig, im circling Fahrt und Höhe zu halten. Ich würde aber empfehlen, gear down am gewohnten Punkt des normalen Anflugverfahrens vorzunehmen, um im schwierigen Teil des circling damit nicht mehr belastet zu sein und das Ausfahren des Fahrwerkes nicht zu vergessen.

Bei circling mit nonprecision Anflughilfen ist die richtige Ermittlung von ROD (beachte *Rückenwind* und Abhängigkeit von GS, siehe Formeln höher oben) und von time to field besonders wichtig.

Das Flugzeug wird bis zum „circling minimum" geführt, welches bindend bis zu „field in sight" ist. Der VMC-Teil wird zweckmäßigerweise auf dem circling minimum minus ca. 50 ft geflogen; Untergrenze: minus 100 ft, Obergrenze: angenommene Wolkenuntergrenze.

Wenn nichts anderes veröffentlicht ist, fliegt man das circling als left traffic circuit.

Bei circling approaches passieren sehr leicht Irrtümer.

Kontrollieren Sie mit Hilfe Ihrer Funknavigationsgeräte mit, ob Sie auch auf die richtige Landebahn geraten.

Achten Sie besonders darauf, daß Sie ein eigenes circling minimum haben; man schießt irrtümlich leicht darunter, OCL ist damit nicht mehr gewährleistet.

Wenn das eigentliche „circle to land" laut Anflugkarte erst mit Überflug eines bestimmten Funkfeuers zu beginnen ist, dann leiten Sie die Sichtplatzrunde nicht schon vorher ein. Es ist sonst möglich, daß die erforderliche Hindernisfreiheit nicht gegeben ist, oder daß Sie Lärmbeschränkungsvorschriften verletzen. Während der Platzrunde sollen Sie den Flugplatz nicht außer Sicht verlieren. Da der Kurvenradius mit höherer Geschwindigkeit zunimmt, hat richtige Fahrt außerordentliche Bedeutung, man kann auch sonst aus dem Schutzraum hinausgeraten. Deswegen gibt es schließlich auf manchen Flugplätzen verschieden hohe circling-Minima für verschiedene Flugzeugkategorien. Mit einer genau parallel zur Landebahn geflogenen Mitwindstrecke erleichtern Sie sich auf vielen Plätzen das circling beträchtlich.

Vornehmlich fliegt man dieses Verfahren, wenn die maximale Rückenwindkomponente größer als die zulässige des Flughandbuches ist. Es kommt immer wieder vor, daß bei wahlweisen Rückenwindlandungen selbst bei sehr langen Pisten nicht das Auslangen gefunden und über die Landebahn unter Beschädigungen hinausgerollt wird (erfahrungsgemäß schwebt man bei Rückenwind sehr leicht viel zu weit in die Landebahn hinein).

Überlegen Sie sich, was Sie machen, wenn Sie während des circling unversehens wieder in Wolken geraten. Dieser Fall ist nirgends verlautbart! Seien Sie beim circling auf solche Pannen gefaßt und auch darauf, Ihre Entscheidungen mit dem controller unverzüglich abzusprechen. Es kann möglich sein, ein Fehlanflugverfahren über Navigationseinrichtungen einer anderen Landebahn abzufliegen. Grundsätzlich ist es wichtig, die Position des MAP während aller Phasen des Anfluges auf die eigene Position bezogen im Kopf zu haben. Man muß darüber im klaren sein, wohin die erste Steigflugkurve beim Durchstarten ginge. Im allgemeinen beginnt man diese Kurve prinzipiell zur Landebahn hin.

#### PRAKTISCHE TIPS AUS DER SICHT DES CONTROLLERS

Die Flugverkehrskontrolle hat genauso wie der Pilot Interesse, daß der Luftverkehr so rasch und flüssig wie möglich vonstatten geht. Nicht nur die Piloten haben keine Freude an langen Warteschleifen, sondern auch die Flugsicherung, denn eine Verzögerung kann sich wie eine Kette auf den ganzen nachfolgenden Verkehr fortpflanzen.

Es seien hier die beiden interessanten Möglichkeiten präzisiert, mit welchen bei geeigneten Bedingungen die An- bzw. Abflüge erheblich abgekürzt und beschleunigt werden können. Das sind:

> VMC climb / VMC descent, und
> visual approach.

Beachten Sie, daß es sich hiebei *nicht* um VFR, sondern um Verfahren innerhalb des IFR-Fluges handelt. Bei den beiden angeführten Formen muß der Pilot daher innerhalb des kontrollierten Luftraumes bleiben, weiters hat er genau über diese Verfahren informiert zu sein.

*1. VMC climb / VMC descent*

Am besten eignet sich die tabellarische Darstellung:

| VMC Climb / Descent | |
|---|---|
| Voraussetzungen: | Verantwortung: |
| a) Sichtflugwetter-Bedingungen (VMC)<br>b) *nur* bei Tag<br>c) *nur* on request des Piloten | Die Vermeidung von Zusammenstößen obliegt dem Piloten |

Merke besonders: Die Flugverkehrskontrolle kann solche Freigaben von sich aus nicht erteilen, sondern nur über Verlangen des Piloten.

Der Pilot trägt allein die Verantwortung über die Vermeidung von Zusammenstößen zwischen seinem Flugzeug und anderen Luftfahrzeugen, wobei ihm allerdings anderer „known traffic" von der Flugverkehrskontrolle mitgeteilt wird. Gewöhnlich werden also die normal anzuwendenden Staffelungsminima im Flugabschnitt VMC climb / VMC descent unterschritten.

Ein Beispiel: Ein Pilot steht mit seinem Flugzeug am Haltepunkt und wartet längere Zeit auf die Freigabe. Möglichkeit: Er frägt um Aufklärung, beispielsweise mit „what is the reason of the delay? Request traffic information". Normalerweise wird die Verkehrslage der Grund für die Verzögerung sein. Im Falle, daß die erbetene Information erteilt werden kann, ist der Pilot in der Lage zu entscheiden, ob bei dem „known traffic" für ihn ein VMC-climb in Frage kommt. Bejahenden Falles antwortet er: „request VMC climb". Der controller gibt dem Piloten dann beispielsweise folgende Freigabe: „... cleared to Zürich airport F100 maintain VMC up to F70". Bis zu flight level 70 ist nun der Pilot für seine Separierung vom anderen Verkehr selbst verantwortlich, braucht aber nicht mehr weiter zu warten.

Eine spezielle Art des VMC climb ist „VMC climb on course" im Zuge eines Abflugverfahrens, wenn etwa das Luftstraßen-Minimum nur mittels eines Steigflugs im holding pattern erreicht werden könnte. Dabei betritt das Luftfahrzeug die Luftstraße zwar *unter* deren minimum IFR cruising altitude, es ist aber zu beachten, daß der kontrollierte Luftraum nicht verlassen wird; die Kenntnis der AWY-Untergrenzen ist deshalb notwendig, diese dürfen keinesfalls unterschritten werden.

*2. Visual approach*

Genaugenommen ist die allerletzte Phase eines jeden IFR-Anfluges, nämlich der Abschnitt final approach vom MAP bis zum touchdown, ein visual approach. Dasselbe gilt für circling approaches. Wenn der Pilot während des Anflugverfahrens „ground contact" und „field in sight" bekommt, kann er ab diesem Punkt einen visual approach beantragen. Funkphrase: „field in sight, request visual approach".

| Visual Approach | |
|---|---|
| Voraussetzungen: | Verantwortung: |
| a) bei Tag und Nacht<br>b) field in sight<br>c) on request des Piloten<br>d) bei VMC und IMC | Die Verantwortlichkeit zur Einhaltung der Staffelungsminima zu anderem IFR-Verkehr liegt bei der Flugverkehrskontrolle |

Die Verantwortung zur Vermeidung von Zusammenstößen bleibt also bei der Flugverkehrskontrolle, die Hindernisfreiheit (terrain clearance) hat allerdings der Pilot selbst zu beachten.

Vorsicht: Vor allem in der Nacht ist oft ein frühzeitiges „field in sight" möglich. Doch kann es vorkommen, daß der Platz wieder außer Sicht gerät (dazwischenliegende Wolkenbänke, starker Dunst). Das Zurückfinden auf reinen Instrumentenflug ist dann oft mit Schwierigkeiten verbunden. Es ist deshalb ratsam, visual approach erst dann zu beantragen, wenn der Platz mit Sicherheit auch in Sicht behalten werden kann. Weiters ist es zweckmäßig, den Flugweg bei visual approach mittels der Instrumente mitzukontrollieren, auch, damit bei benachbarten Plätzen nicht auf einem falschen Flugplatz gelandet wird!

Dem Antrag auf Durchführung eines visual approach kann von der Flugverkehrskontrolle nicht immer entsprochen werden

a) wenn dadurch der Flugweg über Gegenden führt, die aus Lärmschutzgründen nicht überflogen werden dürfen, oder

b) wenn dadurch die Staffelung zu anderem IFR-Verkehr unterschritten wird; zum Beispiel, unter Ihnen befindet sich ein anderes Flugzeug, dessen Pilot das veröffentlichte Verfahren ausfliegen will. Eine Ausnahme aber gibt es hiezu, und zwar dann, wenn Sie das andere Luftfahrzeug sehen und für die eigene Separierung garantieren können.

Zur Frage Hindernisfreiheit bei Radarkontrolle und bei konventioneller Kontrolle:

Der IFR-Pilot sollte sich immer darüber im klaren sein, ob er unter Radarkontrolle oder unter konventioneller Kontrolle fliegt. Bei konventioneller Kontrolle ist nämlich der Pilot für terrain clearance allein verantwortlich, bei Radarkontrolle ist die Kontrollstelle für die Wahrung der Hindernisfreiheit zuständig. Im Zweifelsfalle hat man sich daher zu vergewissern, welcher Kontrollart der jeweilige Flugabschnitt unterliegt, vor allem bei Frequenzwechsel im Sprechfunk. Achten Sie daher auf die Phrasen „in radar contact“ oder, noch wichtiger, „radar contact lost“.

Ein großer Vorteil bietet sich für den Piloten dann, wenn das Radar-Minimum niedriger als das örtliche konventionelle Minimum liegt. Wenn sie z.B. zu einem VFR-Flugplatz unterwegs sind, können Sie mittels der Phrase „request clearance to descend to radar minimum“ bei Freigabe weiter sinken und damit die Chance wahrnehmen, den Flugplatz eher in Sicht zu bekommen als vom höheren konventionellen Luftstraßen-Minimum aus.

**RANDWIRBELSCHLEPPEN (WAKE TURBULENCE) HINTER GROSSFLUGZEUGEN BEACHTEN**

Wirbelschleppen sind deswegen so gefährlich, weil sie oft als Durchmesser die Spannweite eines kleinen Flugzeuges aufweisen, das damit um die Längsachse völlig steuerlos und wie ein welkes Blatt herumgedreht wird. Randwirbel driften schräg abwärts mit ca. 500 fpm weg. Die Versetzung von sichtbaren Abgasschwaden hinter Großflugzeugen liefert oft einen Hinweis, wohin etwa die Wirbelschleppen vom Wind geblasen werden.

| | |
|---|---|
| Randwirbel-Grundregel: | *darüber* bleiben. |
| Start-Regel: | *nach* dem Aufsetzpunkt des Großen abheben. |
| Lande-Regel: | *vor* dem Abhebepunkt des Großen aufsetzen. |

**WINDSCHERUNG ERKENNEN UND MEISTERN**

IFR fliegt man ja auch vornehmlich bei widrigen atmosphärischen Verhältnissen und dabei ist evtl. auftretende Windscherung (wind shear) eine versteckte, teuflische Sache. Bekannt sind die Versuche am Linktrainer, auf dem man extreme, aber gemessene Werte einstellte, worauf der Großteil der Versuchspiloten keine Chance hatte.

Beachten Sie, daß es sowohl Schichten-Windscherung, wie auch Gewitter-Windscherung in der Nähe von CB's gibt.

Man kann diese Gefahr erkennen und sich darauf einstellen, indem man den angegebenen Bodenwind vor der Landung mit dem erflogenen Wind vergleicht. ROD-Zunahme oder -Abnahme ist ein Alarmzeichen, desgleichen das DME ein Warngerät, wenn es auf einmal langsamer oder schneller läuft! Knapp über dem Boden ist man aber machtlos, selbst wenn man gefaßt ist. Daher:

„Windscherung in Bodennähe: durchstarten".

**IFR MIT EINMOTORIGEN FLUGZEUGEN**

rundweg abzulehnen, ist sicherlich unrichtig. Die oben ausgearbeiteten Prinzipien angewendet, ergeben folgende Überlegungen: kann ich bei Motorausfall im Gleitflug Terrain für eine Notlandung in VMC erreichen? Ein-Mots mit Druckkabinen und Ladermotoren, die sehr hoch fliegen, haben für IFR sicher Zukunft.

Weiters ist zu überlegen, wie sich ein zweiter Generator oder eine andere zweite Stromquelle im Flugzeug bei Ausfall des einen Generators anbringen läßt. Als Mindestnotlösung kann man nun eine Nickel-Kadmium-Batterie installieren, auf die sich ein Sprechfunkgerät und vielleicht auch ein Navigationsgerät umschalten läßt. Bei Ausfall des Bordnetzes und damit Ausfall der Funknavigationsgeräte sind Sie dann wenigstens in der Lage, noch Sprechfunkkontakt aufrecht zu halten und sich gegebenenfalls mittels Radarführung oder Peiler zu einem Flugplatz leiten zu lassen. Wenn Sie es so einrichten, daß sich in Ihrem Flugzeug auch eines der Funknavigationsgeräte auf die Notbatterie umschalten läßt, dann ist es Ihnen möglich, im Notfall noch aus eigener Kraft einen Instrumentenanflug zu schaffen. Ein zusätzliches tragbares Sprechfunkgerät an Bord mit eigener Batteriestromversorgung bietet einen Sicherheitsfaktor mehr, ist aber als Dauerlösung für ein einmotoriges IFR-Flugzeug unzureichend.

Wenigstens Propeller-Enteisung sollte ein für Instrumentenflüge zugelassenes Flugzeug unbedingt haben.

Von Nacht-Überlandflügen ist allerdings einmotorig abzuraten.

Bei der Wahl eines einmotorigen Flugzeuges, das IFR-instrumentiert und für Instrumentenflüge zugelassen werden soll, ist empfehlenswert, auch auf das zu erwartende Verhalten des Flugzeuges bei unbeabsichtigten Flügen unter Vereisungsbedingungen Bedacht zu nehmen. Wie sieht es mit den Luftzufuhren zum Motor aus? Ist das Flächenprofil in Bezug auf Eisansatz gutmütig? Ist die Frontscheibe heizbar?

Flugzeuge, die möglichst wenig Stirnflächen bieten, sind von Vorteil, also solche mit einziehbarem Fahrwerk und ohne Verstrebungen. Wenn man ein einmotoriges Flugzeug nach Instrumentenflugregeln zu fliegen beabsichtigt, ist eine regelmäßige prophylaktische Behandlung der gefährdeten Oberflächen und des Propellers mit Eisverhinderungs-Pasten besonders anzuraten, auch dann, wenn das Flugzeug mit den sog. boots bzw. mit einer Propeller-Enteisungsanlage ausgestattet ist.

Auch die zulässigen Seitenwindkomponenten für Start und Landung verdienen Beachtung. Denken Sie stets daran: IFR fliegen Sie gerade bei schlechtem Wetter.

## FLIEGEN MIT AUTOPILOTEN

Es existiert kaum ein Gerätesystem, über das derart unterschiedliche Ansichten kursieren wie über den sogenannten „Autopiloten". Das dürfte daher kommen, daß solche Geräte in unterschiedlichster Leistungsfähigkeit und naturgemäß in unterschiedlichster Preislage gebaut werden, welche aber in der Praxis alle mit dem einheitlichen Begriff Autopilot bedacht sind. Andererseits ist die Kenntnis über den Aufbau und Funktion des Autopiloten bei vielen Fliegern sehr gering und geht über die zu drückenden Knöpfe kaum hinaus. Leider handelt es sich bei den Autopiloten um Gerätesysteme, die in der Ausbildung vielfach beiseite gelassen und nicht behandelt werden.

Es gibt IFR-Piloten, die grundsätzlich von Hand fliegen, den sogenannten Autopiloten ablehnen und ein solches System, zumindest unter IMC, noch nie eingeschaltet haben.

Bei der heute erreichten Höchstflugdauer verschiedener Flugzeuge der allgemeinen Luftfahrt und insbesondere der leichteren 2-Mots mit etwa 6 Stunden und mehr, bedeutet jedoch der Autopilot, richtig eingesetzt, eine beachtliche Entlastung für die Flugzeugführer. Diese sollte genützt werden. Es ist nicht nötig, in leichteren Instrumenten-Wetterbedingungen stundenlang von Hand zu fliegen, und dies würde auch u.U. zu einer unzulässigen Übermüdung der Piloten führen. Voraussetzung ist allerdings ein profundes Wissen und Verständnis um das zur Verfügung stehende Gerätesystem, eine entsprechende Übung in der Handhabung, und die Behandlung der Sache mit Vernunft.

Ein Überschätzen der Möglichkeiten des Fliegens mit dem Autopiloten ist gewiß genau so unrichtig, wie eine zu zaghafte Anwendung dieser Geräte. Wenn allerdings jemand der Meinung ist, man brauche weder den Wolkenflug zu beherrschen, noch darin in Übung zu bleiben, weil ihm dies ohnedies der Autopilot abnehme, so vertritt er förmlich eine Theorie des Selbstmords. Zweifelsohne können sich diese Geräte bei unrichtiger Bedienung und Anwendung als gefährlich erweisen; somit sei diesem Problemkreis hier etwas breiterer Raum gewidmet.

Die wichtigsten allgemeinen technischen Grundzüge der Konstruktion von Autopiloten sind in Kürze dargestellt folgende:

Man unterscheidet generell zwischen sogenannten ein-, zwei- und dreiachsigen Autopiloten, wobei die zwei- und dreiachsigen auch als „Flugregler" bezeichnet werden.

Der Autopilot ist eigentlich selbst *kein* Gerät, sondern ein System, und setzt sich in Wirklichkeit aus mehreren Komponenten bzw. Impulsgebern zusammen, wie etwa aus Kurskreisel, künstlichem Horizont, Druckdose, eventuell flight computer, und den sogenannten „actuators". Dazu kommt die Bedienungseinheit (controller) für den Flugzeugführer, die im gewöhnlichen Sprachgebrauch als „der Autopilot" schlechthin bezeichnet wird. Die

Arbeitsweise des Autopiloten, also des ganzen Systems, erfolgt meistens durch elektro-mechanische Vorgänge, die jeweils von den oben angeführten Komponenten gesteuert werden.

Bei den einachsigen Autopiloten dient als Informationsquelle gewöhnlich nur ein Wendezeiger oder turn coordinator mit elektrischer Abnahme. Bei den zwei- und dreiachsigen Autopiloten dienen mehrere Komponenten, wie z.B. künstlicher Horizont, Kurskreisel, und Druckdosen, welche die Steuersignale über den Rechner (computer) an die entsprechenden actuators weitergeben. Der actuator setzt die elektrischen Signale in mechanische Steuerbewegungen, ausgeführt durch Steuerseile oder Steuerstangen, für die zugeordneten Ruderflächen um.

Mit den einachsigen Autopiloten läßt sich gemäß obigen Ausführungen logischerweise nur die Flugrichtung, und zwar lediglich um die Längsachse des Flugzeuges (Querruder) automatisch steuern.

Die zweiachsigen Autopiloten sind von der Funktion her zwar ähnlich den einachsigen, arbeiten aber über Längsachse *und* Querachse des Flugzeuges und benötigen daher auch zwei actuators. Jener actuator, welcher das Höhenruder betätigt, dient der Höhenhaltung und in vielen Fällen auch der automatischen Höhenruder-Trimm-Synchronisierung (Höhen-Trimmrad des Autopiloten).

Ein dreiachsiger Autopilot betätigt auch noch das Seitenruder (also Drehungen um die Hochachse). Als wendezeigergesteuerter Gierdämpfer (yaw damper) wird diese Funktion der Steuerung um die Hochachse ausgeführt.

Es ist ferner für den Flugzeugführer wichtig zu beachten, daß der Autopilot, wie ein Sparbuch, nicht mehr hergeben kann, als man in ihn hineinsteckt. Wenn also das Flugzeug nur einen einfachen nachzustellenden Kurskreisel besitzt, wird auch der Autopilot „auswandern", so wie der Kurskreisel abweicht. Ist in das Flugzeug ein slaved gyro system eingebaut, dann funktioniert der Autopilot in dieser Beziehung genau so wie eben der gestützte

Kurskreisel funktioniert. Weitere Signalgeber für den Autopiloten bieten dann die UKW-NAV-Empfänger. Diese bewirken eine automatische Kursführung auf der gewählten Navigationseinstellung. Das gleiche gilt für den Gleitpfadempfänger, der eine automatische Führung des Flugzeuges auf dem Gleitpfad ermöglicht.

Aus obigen Ausführungen sind bereits die wichtigsten Fehlerquellen des Autopiloten verständlich. Wenn nämlich beispielsweise der künstliche Horizont infolge Lagerschäden nach Landungen auf Grasplätzen große Abweichungen zeigt, überträgt er diese mittels Impulsen auf das System „Autopilot" (actuators), welches dann fehlerhaft arbeitet, ohne als Ganzes i.e.S. schadhaft zu sein. Beim Auftreten von Fehlerquellen im Navigationssystem werden diese durch Warnflaggen angezeigt, was somit auch für den sogenannten Autopiloten automatisch mitgilt.

Nun zur Handhabung: Informationsgrundlage über den Autopiloten bietet zunächst für den Flugzeugführer das jeweilige Handbuch des Autopilotenherstellers. Darüber hinaus seien folgende praktische Hinweise beachtet:

Manche Charter-Unternehmungen gestatten intern, wegen verschiedener Gründe, ihren Flugzeugführern die Verwendung der Autopiloten nach dem Start im Steigflug und während des Anfluges nicht. Eine der Begründungen hiefür liegt darin, daß die Starts und Anflüge ohne Autopiloten ein ständiges Training der Flugzeugführer darstellten.

Die Verwendung der Autopiloten auf Strecken aber kommt obigen Überlegungen zur Vermeidung von Ermüdungen der Flugzeugführer entgegen. Der Autopilot wird gemäß der erwähnten Übung auf der Flugfläche eingeschaltet, wenn alles andere klar und erledigt ist. Sicher hat dieser Brauch einiges für sich, es werden dazu weiter unten noch einige Worte zu sagen sein.

Hinsichtlich der praktisch-navigatorischen Handhabung auf Strecke folgender Tip: Beim Überflug von Funkfeuern ist empfehlenswert, kurze Zeit vor dem Erreichen der Navigationshilfe vom NAV-Modus auf heading-mode umzuschalten, und eine eventuell erforderliche Richtungsänderung über dem Funkfeuer nur durch Verstellen der Kursmarke durchzuführen. Bei eindeutiger FROM-Anzeige wird auf NAV zurückgeschaltet, und der Autopilot macht wieder alles alleine (damit vermeidet man die Schwankungen bei Annäherung an das Funkfeuer).

Es wird nie falsch sein, vor dem Einschalten des Autopiloten zuerst den heading bug (Kursmarke) mit dem Kurs in Einklang zu bringen. Bei den Autopiloten der leichteren Flugzeuge ist grundsätzlich nach dem Einschalten das Höhen-Trimmrad des Autopiloten und nicht mehr die mechanische Höhen-Trimmung des Flugzeuges zu betätigen, weil sonst Beschädigungen verursacht werden. Controls beim Einschalten des AP mit der Hand halten! Die nicht zu rasche Verwendung des Autopiloten nach dem Start trägt gewiß Sicherheitsgrundsätzen berechtigt Rechnung. Gegen die Verwendung im Anflug bis zu einer bestimmten Sicherheitshöhe aber läßt sich bei einem einwandfrei gewarteten und funktionierenden Autopilotensystem kaum etwas einwenden.

Der Trick für gute Anflüge liegt darin, daß dem Autopiloten bereits etwas vor dem eigentlichen Anflug schon Gelegenheit gegeben wird, einwandfrei zu arbeiten, d.h. daß die geforderten Werte für den Anflug rechtzeitig eingestellt sind. Das Flugzeug muß sich also zuerst in einem stabilen Flugzustand befinden, mit Fahrt und Klappenstellung für den Anflug gesetzt, und ausgetrimmt sein. Nun wird das Flugzeug ohne Schwierigkeiten auf das ILS automatisch einfliegen können.

Beim Durchfliegen von starken Turbulenzen (Föhn, Gewitter) ist prinzipiell der Autopilot auszuschalten, da die Ruderkräfte u.U. nicht ausreichen, den Turbulenzen genügend entgegen zu wirken. Dasselbe empfiehlt sich bei starkem Eisansatz. (Beachte aber Herstellervorschrift.)

Beim Fliegen mit Autopiloten ist das „scanning" keinesfalls außer acht zu lassen, denn genau so, wie immer mit dem Versagen eines einzelnen Gerätes gerechnet werden muß, kann ein ganzes System wegen der inneren Abhängigkeit der Komponenten untereinander versagen.

Bei Störungen des Systems ist möglichst zuerst die Fehlerquelle, also die schadhafte Komponente, heraus zu analysieren. Wenn dies nicht gelingt, ist das System auszuschalten. Störungen elektrischer Natur kann durch Ausschalten des Autopiloten und Ziehen der entsprechenden Sicherung begegnet werden. Vorläufige Soforthilfe im Notfall ist auch durch Ausschalten des Hauptschalters möglich.

Bei mechanischen Störungen gelingt es meist, durch Überdrükken des Autopiloten von Hand aus die Sicherungsstifte in den actuators abzuscheren und damit das System unwirksam zu machen. Umgehende Kontrolle und Reparatur ist selbstredend nachher durchzuführen.

Im allgemeinen lassen sich die Autopiloten in Gefahrenmomenten mit normalen Handkräften übersteuern, ohne das System zu beschädigen. Es ist jedoch äußerst wichtig, alle Ausschaltmöglichkeiten des Autopiloten im Kopf zu haben, um ohne die geringste Verzögerung die Steuerung von Hand zu übernehmen. Notfälle mit diesen Gerätesystemen hat es schon auf Flugzeugen verschiedenster Größenordnung gegeben. Grundsätzlich gibt es immer mehrere Ausschaltmöglichkeiten der Autopiloten.

Abschließend kann gesagt werden, daß durch regelmäßige Wartung, Beachtung der Bedienungsanweisungen in den Autopilot-Handbüchern der Hersteller und der obigen Grundsätze eine Begründung in den Unfallberichten wie „Versagen des Autopiloten“ absolut vermieden werden kann.

## FLIEGEN MIT DRUCKKABINE

Der Berufspilot eines Industriebetriebes, welcher von einem Geschäftsreiseflugzeug mit Vergasermotoren auf ein solches mit Turboladermotoren und Druckkabine umrüstete, kommentierte die Entscheidung seiner Geschäftsleitung seinerzeit mit der Bemerkung, daß nun die Hölle des low altitude Schlechtwetter-

IFR ein Ende habe. Als Zeuge dieses Ausspruches war ich darüber betreten, wie man dies faszinierende Gebiet bloß als Hölle bezeichnen könne, und dachte mir damals, daß es wohl so schlimm nicht sein werde. Heute weiß ich es besser: es kann manchmal schlimm sein.

Zunächst bedeutet es einen großen Unterschied, ob man etwas freiwillig als Liebhaberei betreibt, oder beruflich auch unter schlechtesten Bedingungen tun muß. Man stelle sich weiters eine Unternehmung vor, deren Geschäftsführung mit zahlreichen unaufschiebbaren Reise- und Besprechungsterminen konfrontiert ist und dazu Geschäftsfreunden verspricht, mittels Instrumentenflug stets pünktlich wetterunabhängig zum Reiseziel zu gelangen. Eine schwierige Situation für den Piloten, der letztlich allein die Flüge verantworten und gegebenenfalls ohne Rücksicht auf seine Stellung seiner Firma erklären muß, daß sie zu viel versprochen hat.

Mit Einführung der Turbocharger ist die Möglichkeit einer gleichzeitigen Versorgung der Kabinenluft ohne größeren Aufwand erreicht worden, und damit die leichtere Möglichkeit von Flügen über dem Schlechtwettergeschehen. Prinzipiell wird die Luft der Turbokompressoren über einen Druckflußbegrenzer abgezweigt, ohne die hineinfließende Luftmenge zunächst zu regeln. Die Druckkabine hat ein, manchmal zwei sogenannte Auslaßventile, die den Druck in der Kabine auch bei wechselnden Anlieferungsbedingungen selbständig regeln. Die Art der Kontrolle der Abflußventilregelung wird auf verschiedene Arten erreicht und ist manchmal mit dem Sogsystem der Instrumente verbunden. Bei solchen Systemen ist eine genaue Befolgung der Prüflisten notwendig, um den Druckkabinenkomfort zu erreichen.

Die ganze Anlage ist durch ein zweites Ventil abgesichert, welches immer mitaus- und eingeschaltet wird (depressurizationswitch und gear-safetyswitch).

Die Leistungsfähigkeit der Druckkabine wird durch den Differentialdruck-Wert ausgedrückt, der meistens zwischen 3 bis 8 PSI liegt (beachte Normaldruck = 14,7 PSI).

Einige Systeme sind mit zwei Differential-Druckreglern ausgestattet, die erst bei Erreichen des vollen Differentialdruckes zu arbeiten beginnen (das Sicherheitsventil ist um ca. 0,2 PSI höher eingestellt und arbeitet im Normalfall nicht).

Bei den meisten Druckkabinen in den Geschäftsreiseflugzeugen wird die Kompressionswärme der Turbocharger zur Kabinenheizung mitausgenützt bzw. über Wärmetauscher (Kühler) durch den Fahrtwind abgebaut. Bei niedrigen Temperaturen (+ 5 °C) reicht die Kompressionswärme jedoch nicht mehr zur Aufrechterhaltung der Kabinentemperatur aus, und man nimmt dann die kraftstoffbetriebene Kabinenheizung zu Hilfe. Diese befindet sich nicht innerhalb der Druckkabine, ist jedoch ein Teil dieser. Propellerturbinenflugzeuge und kleine Jets verwenden „bleed air" (hinter den Kompressorstufen abgenommene Zapfluft) zur Druckkabinen-Temperaturregelung und als Kabinenluft. Diese Systeme sind sehr leistungsfähig und erlauben auch eine Abkühlung der von der Sonne aufgeheizten Kabine am Boden.

Für den Piloten ist im cockpit zur Druckkabinenbedienung unabhängig von der Art der Kabinenluftzufuhr eine bestimmte Instrumentierung eingebaut, die für die meisten Flugzeuge aussagegleich ist und gewöhnlich aus folgenden Geräten besteht:

*Kabinenhöhenwähler* (cabin selector): Auf diesem Einstellungselement kann außerdem zur jeweils gewählten Kabinenhöhe jene Reiseflughöhe abgelesen werden, die der maximale Differenzdruck erreichen läßt. In der Praxis ist jedoch die Reiseflugfläche plus 500 ft der Einstellwert, und die daraus resultierende Kabinenhöhe wird zur Berechnung der Kabinensteig- oder Sinkrate herangezogen.

*Kabinen-Steig- bzw. Sinkratenwähler* (cabin rate control): Mit diesem Bedienknopf kann der Druckabbau oder Druckaufbau, der sich durch die Kabinenhöhenselektion einstellen wird, verzögert werden. Als normaler Druckkabinen-Komfort-Wert ist eine Veränderung von nicht mehr als 500 fpm anzustreben.

*Kabinenvariometer* (cabin rate of change indicator): Dieses Gerät zeigt die Veränderung des Druckes in der Kabine in fpm an.

*Kabinenhöhenmesser* (cabin altimeter): Dieser zeigt die Kabinenhöhe in Fuß an, die im Augenblick besteht.

*Differentialdruckanzeiger* (differential pressure indicator): Dieser zeigt den im Augenblick bestehenden Differentialdruck zur Außenluft in PSI an. Der maximale Differentialdruckwert ist mit einem roten Strich gekennzeichnet.

Die weiteren Bedienungselemente sind selbsterklärend und von Typus zu Typus verschieden.

Die Handhabung der Druckkabinen-Bedienungselemente setzt unbedingt eine genaue Systemkenntnis voraus, da bei Fehlbedienung sehr unangenehme, manchmal auch gefährliche Zustände auftreten können. Je nach Fehlbedienung kann von einem Komfortmangel angefangen bis zu einer Dekompression der Kabine alles mögliche geschehen. Diese Bemerkungen sollen aber keine Scheu vor einem Druckkabinenflugzeug erregen, denn die Bedienung, einmal erlernt, ist sehr logisch und einfach.

Z.B. bei Cessna-Flugzeugen ist die Bedienung bei allen wahlweise regelbaren Kabinen fast gleich. Wenn man auf einen Typus eingeschult ist, kann man alle anderen Cessna-Druckkabinenmodelle hinsichtlich der Druckkabine bedienen. Ähnlich ist es auch bei den anderen großen Flugzeugherstellern der allgemeinen Luftfahrt (Aerocommander, Beechcraft, Piper, etc.).

Bei den meisten regelbaren Druckkabinensystemen ist die Druckhöhe des Abflugplatzes dergestalt zu beücksichtigen, daß erst nach erfolgtem Druckkabinen-Übergang auf den eingestellten „Abflugdruckwert", das ist meist ca. 500 ft über der Druckhöhe des Abflugplatzes, die Einstellung der Kabinenhöhe für die Reiseflugfläche erfolgen darf. Das heißt: Nach dem Anlassen der Triebwerke wird die Platzhöhe plus etwa 500 ft auf dem cabin selector eingestellt (dies sollte eigentlich von der letzten Landung her bereits efolgt sein). Beim Durchsteigen dieser Höhe während des Abfluges wird das Kabinenvariometer, welches anfänglich den Steigflug des Flugzeuges mitangezeigt hat, auf Null zurückgehen. Jetzt erst ist der richtige Zeitpunkt eingetreten, die Reiseflugfläche einzustellen. Macht man das früher, beginnt die Druckkabinenregelung je nach verstrichener Zeit erst ab einer größeren Höhe den Druckabbau in der Kabine zu verzögern. Bis zu dieser Höhe fliegt man dann praktisch wie ein Flugzeug ohne Druckkabine, was sich bei großen Steiggeschwindigkeiten körperlich sehr unangenehm bemerkbar machen kann.

Beim Sinkflug wird die erforderliche Sinkzeit von der geflogenen Flugfläche bis zur Platzhöhe plus 500 ft ausgerechnet, und die Kabinenrate (der Druckaufbau) mittels cabin rate control auf diese errechnete Zeitspanne einreguliert. Dabei können Flugzeugsinkraten bis ca. 2.500 fpm bei einer gleichzeitigen Kabinensinkrate von etwa 200 bis 300 ft möglich sein. Auf alle Fälle ist im letzten Teil des Anfluges bei ungefähr 500 ft (dieser Wert ist systemabhängig) der differential pressure indicator auf die Anzeige von Null PSI zu prüfen. Wenn dies nicht der Fall ist, muß noch Zeit abgeflogen werden, bis der Kabinendruckwert dem Außendruckwert entspricht. Druckkabinen können niemals unter den Umgebungsdruck abgesenkt werden. Landungen mit Überdruck in der Kabine sind nicht erlaubt, alle Systeme öffnen nach dem Berühren der Landebahn das Sicherheitsventil (safety valve, manchmal auch als damp valve bezeichnet) durch den Fahrwerksicherheitsschalter unabhängig von der Art der Anlieferung der Kabinenluft.

Im Zusammenhang mit der anfänglich erwähnten Versorgung der Druckkabine mittels Turbocharger sei die Gefahr bei alternate air-Verwendung erwähnt, wonach Kohlenmonoxyd von den Auspuffgasen in die Kabine gelangen kann. Je nach Systemauslegung sind verschiedene Verfahren bei alternate air-Verwendung zu berücksichtigen. Manchmal muß die Druckkabinenversorgung völlig abgeschaltet werden.

Was ist zu tun, wenn sich die Kabine infolge von Störungen nicht regeln läßt, es beispielsweise nicht gelingt, den Kabinendruck abzubauen? Um eine weichere Steuerung, die wir jetzt manuell vornehmen müssen, zu erreichen, ist es bei mehrmotorigen Flugzeugen empfehlenswert, zuerst *eine* der beiden Kabinenversorgungen abzuschalten. Die meisten Druckkabinenflugzeuge können auch ohne Druckkbabinenverwendung betrieben werden, z.B. in niedrigen Flughöhen bei großen Außentemperaturen. Um dabei eine Ventilation der Kabine zu erreichen, wird der Bowdenzug „vent control“ (ram air valve) betätigt. Dieses Ventil öffnen wir langsam und gefühlvoll, unter Berücksichtigung des Kabinenvariometers.

Bei einer Dekompression in größeren Höhen (über 10.000 ft) ist die sofortige Verwendung von Sauerstoff notwendig, und die damit verbundenen Vorsichtsmaßnahmen sind einzuhalten (Lippenrouge entfernen, fette Haut säubern, Rauchen und Gebrauch von Feuerzeugen unterlassen). Für Piloten sind spezielle Sauerstoffmasken mit einem größeren Sauerstoffdurchfluß vorgesehen, die nicht vertauscht werden dürfen.

Weitere mögliche Störungen stehen im Zusammenhang mit dem speziellen Druckkabinensystem. Diesen ist genau nach Herstellervorschrift zu begegnen.

Es sei erwähnt, daß man bei den meisten Druckkabinenversorgungen bei einem totalen Ausfall des elekrischen Bordnetzes nicht unbedingt die Versorgung und Druckkabinenregelung verliert. Der Hinweis auf die Fähigkeit der Kabine, ohne Bordspannung zu funktionieren, fehlt in den meisten Handbüchern, und die technische Auslegung kann nur erfragt werden.

Rauchen in der Druckkabine kann zu einer fehlerhaften Druckkabinenregelung führen, und zwar durch Ablagerung von Rauchrückständen (Teersubstanzen etc.) am Abflußventil und ist daher tunlichst einzuschränken oder besser zu unterlassen. Rauch in der Druckkabine führt auf jeden Fall zu einem erhöhten Wartungsaufwand.

Die Vorflugkontrolle sollte in Hinblick auf die Druckkabine unbedingt folgende Punkte mitberücksichtigen:

1. Zustand der Kabinenverglasung (Kratzer sind nur bis zu einer bestimmten Tiefe erlaubt)

2. Zustand der Türverriegelung und des Notausstiegs

3. Zustand der Türdichtung und eventuell des Schlechtwetterfensters (storm window, foul weather window. Ein schlecht dichtendes Sturmfenster in der Pilotenkanzel birgt zwar kaum direkte Gefahren, kann sich aber während des Betriebes der Druckkabine durch alle möglichen Zisch- und Pfeiffgeräusche zu einer wahren Nervensäge für die Piloten entwickeln.)

4. Zustand der Sauerstoffanlage (Sauerstoffvorrat, Masken)

5. Zustand der Vernietungen im Druckkabinenbereich des Rumpfes

6. Funktionieren des Kabinenwarnlichts für Kabinenhöhe über 10.000 ft

Der Notabstieg ist dem Flughandbuch zu entnehmen, da er von Flugzeug zu Flugzeug sehr unterschiedlich sein kann.

Grundsätzlich muß man sich dessen stets gegenwärtig sein, daß bei starker Drosselung von Turboladertriebwerken aus welchem Grund auch immer in größerer Höhe auch die Luft zum Atmen in der Druckkabine wegbleibt, abgesehen zunächst vom körperlich unangenehmen raschen Druckabfall. Auch bei Motorproblemen in großer Höhe ist daher wie bei verschiedenen anderen Druckkabinenproblemen sofort an die Sauerstoffversorgung zu denken und nötigenfalls umgehend in Betrieb zu nehmen. Man hat u.U. nur sehr wenig Zeit bis zum Versagen der Sinne wegen Sauerstoffmangel. Eine nicht betriebsbereite Sauerstoffanlage sowie verlegte oder schadhafte Masken können zu katastrophalen Folgen führen.

H. Amsler a.a.O. beschreibt den Sauerstoffalarm treffend wie folgt: „Wann immer oberhalb 3.000 mM ‚die Umwelt sich verändert', besonders durch Verlust an Helligkeit (Netzhautempfindlichkeit), wann immer das subjektive Befinden sich verschiebt, rauschähnliches Wohlbefinden mit Mühe zu klarem Denken auftritt, herrscht Sauerstoffalarm: Sofort absteigen und die Sauerstoffversorgung kontrollieren! Sehr wenig Zeit bleibt zur rettenden Maßnahme, und je kürzer ist die Bewußtseinsspanne für zweckgerichtetes Handeln, die Zeitreserve zur Selbstrettung."

Folgende Tabelle gibt eine ungefähre Vorstellung, wie ernst das Problem zu nehmen ist:

| Zeitreserve bei Luftatmung | | |
|---|---|---|
| | Zeit bis zur | |
| km Höhe | eingeschränkten Handlungsfähigkeit | Bewußtlosigkeit |
| 15 | 10 sec. | 10 sec. |
| 12 | 30 sec. | 30 sec. |
| 10 | 1 min. | 1 min. |
| 8 | 2 min. | 4 min. |
| 7 | 5 min. | 9 min. |
| 6 | 8 min. | – |

Die genannten Zeiten gelten für ruhiges Sitzen in Normaltemperatur eines gesunden Menschen. Sie werden weiter herabgesetzt durch Kälte oder Hitze, körperliche oder geistige Anstrengungen, Schlafmangel, Alkohol und Nikotin.

Bei Flügen mit Druckkabinen (Linienflugzeuge mit eingeschlossen) ist grundsätzlich wie auch bei allen anderen Flügen anzuraten, nicht nur bei Start und Landung sondern auch in der Reiseflugphase angeschnallt zu sitzen. Beim Bersten von Fenstern oder Türen während des Fluges sind schon Personen aus Druckkabinenflugzeugen hinausgesaugt worden.

## VORBEREITUNG DES JAHRES-CHECKFLUGS

Es ist ein seltsames Phänomen, daß manche IFR-Piloten, die ansonsten ihre Streckenflüge tadellos vorbereiten mögen, gänzlich unvorbereitet zum gesetzlich vorgeschriebenen Jahres-Überprüfungsflug antreten.

Die richtige Einstellung zur Sache ist wohl die, daß man den Jahres-Checkflug wie eine jede andere Prüfung auffaßt; weiters, daß es sich um einen Flug nach Instrumentenflugregeln handelt, der die entsprechende Vorbereitung und Konzentration verlangt, und schließlich, daß die Verantwortung und Gefahren hiebei wegen des Beiseins eines Prüfers nicht kleiner werden.

Weiters liegt der Sinn des jährlichen IFR-Überprüfungsfluges m.E. auch darin, daß am Flugstil gefeilt wird und Können und Erfahrung eines anderen Fachmannes in Form von konstruktiver Kritik zum Tragen kommen, Notverfahren wieder demonstriert, und insbesondere bei zweimotorigen Flugzeugen Einmotorenflüge durchgeführt werden, die man ja jahresüber kaum macht. So ist man gezwungen, sich wenigstens für den Jahresprüfungsflug mit den Notverfahren auseinanderzusetzen und diese wieder aufzufrischen (wichtigste Notverfahren hiefür: Ausfall eines Motors, Druckkabinen-Notfälle und Notabstieg, Fahrwerknotbetätigung). Man wird angemessene Zeit vor dem Jahres-Checkflug den Autopiloten nur wenig gebrauchen und die Flugtechnik von Hand aus wieder kultivieren, besonders die Anflüge.

Die Vorbereitung auf den Jahres-Checkflug wird wohl drei Bereiche umfassen:

1. Kenntnis des Flughandbuches des Flugzeuges, mit dem der Checkflug abgelegt werden soll. Herausschreiben des „speed summery". Besondere Kenntnis der Notverfahren.

2. Cockpitstudium im Flugzeug, wobei man sich mit allen Bedienungselementen vertraut macht, insbesondere mit einer etwa ungewöhnlichen Lage von Bedienungsgriffen oder ungewöhnlichen Schaltungen. Prüfung der Gültigkeit der Flugzeug- und Ausrüstungspapiere.

3. Studium der IFR-Verfahren auf den und um die betreffenden Flughäfen i.e.S., Bereitstellung und Prüfung des Kartenmaterials auf Gültigkeit.

Für eine gute Demonstration ist einmal die Kenntnis des Flugzeuges Voraussetzung. Wenn man mit einem Flugzeugtypus, auf welchem der Prüfflug stattfinden soll, noch nie geflogen ist, ist ein vorheriger Trainingsflug darauf unabdingbar; dies gilt auch für den Prüfer selbst.

Wenn man einen hohen IFR-Standard nachweisen will, ist zunächst ein hervorragendes handwerkliches Können im Cockpit im Sichtflug Voraussetzung; wie soll es sonst zu einer koordinierten Gesamtleistung kommen! Die Vorbereitung auf den Jahres-Checkflug dauert somit eigentlich das ganze Jahr über.

Für den, der nicht ständig fliegt, ist auch ein Trockentraining vor dem Prüfungsflug nicht zu unterschätzen; man spielt an Hand der Flugkarten komplette Anflüge mit Warteschleifen, Fehlanflugverfahren und Notfällen gedanklich durch.

Vor dem tatsächlichen Flug selbst geht man auf jeden Fall zur Wetterberatung und macht sich besonders über die Windkomponenten Gedanken. Während des Fliegens koppeln Sie gedanklich mit; das Aufrechterhalten einer groben räumlichen Vorstellung unabhängig von den speziellen IFR-Instrumenten ist eine ganz große Hilfe bei der genauen Orientierung nach Instrumenten, etwaigen time-distance-checks oder Standlinienanflügen etc. Die einfachen Grundelemente Kurs, Zeit und Höhe sind nicht zu unterschätzen, sowie besonders häufige crosschecks. Fehler sofort zügig korrigieren; das beste Mittel, Fehlern zu begegnen, ist, diese erst gar nicht groß werden zu lassen. Verkrampfte Leute mit Prüfungsangst sollen mit bewußt entspannten Händen am Steuer sitzen, ausreichend atmen und nicht zu warme Kleidung tragen. Es sei darauf hingewiesen, daß bei Checkflügen Kandidaten selbst die Betankung des Flugzeuges infolge der Konzentration auf alles andere vergessen. Ein häufiges Negativum ist auch das Nachlassen der Aufmerksamkeit im letzten Teil des Fluges.

Grundsätzlich ist zu empfehlen, alle Handlungen und Checks im Cockpit laut vor sich hinzusagen, dies vermittelt nicht nur dem Prüfer gegenüber einen souveränen Eindruck, sondern mobilisiert auch das eigene Gedächtnis.

## KÖRPERLICHE VERFASSUNG

So, wie die Vorbereitung auf den IFR-Jahres-Checkflug eigentlich das ganze Jahr über erfolgt, ist es richtig, wenn sich ein IFR-Pilot das ganze Jahr hindurch auch körperlich ertüchtigt. Nichts ist gefährlicher, als vereinzelte erforderliche oder freiwillige Höchstleistungen, besonders in höherem Alter.

Man unterscheidet zwei große Betrachtungskreise, nämlich die „allgemeine Lebenshygiene" und die „Hygiene des einzelnen Fluges".

Zum Aufbau allgemeiner körperlicher Leistungsreserven gehört:

a) Training der Muskelkraft (Expander etc., Freiübungen, eventuell auch isometrische Übungen)
b) Geschicklichkeitsübungen (Tennis und sonstige Ballspiele, Fechten, etc.)
c) Aufbau eines Dauerleistungsvermögens (Schilanglauf, Schwimmen, Bergsteigen, etc.)
d) Training der Konzentrationsfähigkeit (Kimspiele, Schach, Bridge, Sportschießen, etc.)

sowie weiters eine Krankheitsprophylaxe mit richtiger Ernährung, Körperpflege, genügend Schlaf und Meiden von Suchtgiften und Alkohol. Nebenbei bemerkt schadet Rauch nicht nur der Gesundheit, sondern auch beachtlich den lebenswichtigen Geräten eines IFR-Flugzeuges. Der Antritt eines Fluges nach Konsumation alkoholischer Getränke ist gesetzlich verboten.

Zur Hygiene des einzelnen Fluges gehört lt. H. Amsler vor allem:

a) genügend Schlaf vor dem Flug
b) seelisch ausgeglichener Zustand
c) richtiges Essen: kalorienreich, leicht verdaulich, nicht voluminös, nicht blähend (auch keine kohlensäurehaltigen Mineralwasser trinken), keine Aufputschmittel
d) Betriebsbereitschaft der Sauerstoffanlage
e) Gehörschutz, Sonnenbrille
f) Notausrüstung

Zu Gehörschutz:
Diese Frage ist auch für das Fliegen mit leichteren Flugzeugen der allgemeinen Luftfahrt gar nicht so bedeutungslos, wie dies auf den ersten Blick erscheinen möge. Es ist bekannt, daß schon nach 500 bis 1.000 Propeller-Flugstunden ohne Gehörschutz erste Hörverluste auftreten! Fliegen Sie also wenigstens, wenn immer möglich, mit gut abschirmenden Kopfhörern oder Einsteckgeräten für den Gehörgang. Normale Watte im Ohr ist unzureichend, denn die besonders schädlichen hohen Frequenzen werden nicht abgefiltert.

Hervorragende körperliche Verfassung ist bei IFR-Flügen von enormer Bedeutung. Da man ein Flugzeug im Blindflug nach Gefühl nicht steuern kann und allein infolge der Scheinlot-Täuschungen schon nach kurzer Zeit nicht mehr wüßte, wo oben und unten ist, muß eine Unzahl von abstrakten Signalen und Zeigerstellungen bewußt gelesen, gedeutet und zu einem Gesamtbild koordiniert werden. Dabei sind noch mit einem „high index of suspicion" wechselseitige Kontrollen der Geräteanzeigen untereinander durchzuführen (siehe weiter oben die Mißtrauensregel). Ein großer Anteil an Flugunfällen ist auf „pilot error" durch falsche Instrumentenablesung oder falsche Interpretation zurückzuführen.

In scharfem IFR stellen diese Anpassungsleistungen menschliche Höchstleistungen dar. Wir machten unter ärztlicher Leitung in Salzburg Versuche, wobei Pulsmessungen und Blutdruckmesssungen bei IFR-Anflügen in schwierigsten Bedingungen folgendes zeigten: Der Pilot wird manchmal annähernd wie bei einer sportlichen Leistung gefordert. Pulsschlag, Atemfrequenz und damit Sauerstoffbedarf und Kalorienverbrauch, sowie zuweilen Schweißabsonderung liegen nicht viel unter den Werten körperlicher Höchstleistungen. Da das Gehirn jenes Organ ist, das den meisten Sauerstoff im Körper benötigt und auf Sauerstoffmangel am empfindlichsten reagiert, erhellt sich auch die Wichtigkeit einer intakten Sauerstoffanlage oder Druckkabine bei höheren IFR-Flügen. Halten Sie sich immer vor Augen, daß Ihnen durch Sauerstoffmangel bedingte Fehlleistungen selbst nicht bewußt werden!

In Ergänzung zu diesen wichtigen Schlaglichtern sei auf die hervorragende Arbeit von Hans A. Amsler: Flugmedizin für zivile Besatzungen a.a.O. besonders hingewiesen.

Hinsichtlich des Problemkreises Notlandung ist neben den Ausführungen in obigem Buch die englische Reihe von Miniaturbüchern wie Sea Survival, Jungle Survival und Desert Survival, herausgegeben vom Ministry of Defence (RAF), empfehlenswert.

In Ihrem ureigensten Interesse ist zu raten, die bei den Pilotenprüfungen nur in sehr bescheidenem Ausmaß verlangten Erste-Hilfe-Kenntnisse zu erweitern.

Ich darf dieses Kapitel mit der Bemerkung abschließen, daß die Notausrüstung in der täglichen IFR-Flugpraxis schon im Kleinen beginnt: es ist selbst bei schönem Wetter nicht gut, wenn man z.B. nach gelungener Notlandung in Pantoffeln auf einem Gletscher steht.

## DER NOTFALL

Ein Spaßvogel prägte einmal folgende Definition: Instrumentenflug sind Stunden gähnender Langweile unterbrochen von Sekunden panischen Erschreckens.

Bei guter Flugvorbereitung und laufendem Training sollte es allerdings gar nicht zu Sekunden panischen Erschreckens kommen. Der Eintritt eines echten Notfalls aber verlangt, sich nicht durch Überraschung und Erschrecken lähmen zu lassen.

Eines der obersten Gebote in einer Notlage dürfte sein, unbedingt aktiv zu bleiben, besonnene Handlungen zu setzen und sich nicht das Geschehen diktieren zu lassen. Es ist besser, entschlossen rechtzeitig etwas zu unternehmen, selbst wenn dann die getroffene Entscheidung nicht die Optimallösung darstellen sollte, als sich vom defekten Flugzeug passiv treiben zu lassen und auf ein Wunder zu hoffen. Dies gilt nicht nur für Notlandungen. Man kann diesen Gedanken vielleicht mit folgendem Vergleich umreißen: ein Waggon löst sich von einem Zug und läuft, immer schneller werdend, den Berg hinab. Ein Mann überlegt abzuspringen; er würde etwa mit leichten Hautabschürfungen davonkommen. Er kann sich aber zu nichts entschließen, und der Waggon wird schneller. Wenn er jetzt springt, bricht er sich wahrscheinlich ein Bein; er wagt aber wieder nichts und fährt weiter in die Katastrophe.

Ungeheuer wichtig ist somit, die Seiten emergency procedures des Flughandbuches genau zu kennen, von Zeit zu Zeit zu wiederholen, und das Flughandbuch ausnahmslos bei allen Flügen griffbereit an Bord mitzuführen. Bei IFR fliegt man im allgemeinen hoch, und Höhe gibt Zeit, in einer Notsituation nachzudenken und auch im Flughandbuch nachzuschlagen. Unterschätzen Sie letztere, im ersten Augenblick absurd erscheinende Möglichkeit nicht. Es ist zweifelsohne richtiger, die Zeit zum Nachschlagen einer Notanleitung zu investieren, als gar keine Lösung zu finden oder etwas Verkehrtes zu tun.

In manchen (älteren) Flughandbüchern findet man die Notverfahren nicht besonders hervorgehoben. Streichen Sie sich dann die Seiten-Ecken rot an.

Man sollte die Fahrwerknotbetätigung auswendig können, weil man bei Eintritt dieses Notfalles meist bereits verhältnismäßig tief fliegt und bei Verzögerung der Lösung des Problems unter Umständen auch den Verkehr eines Flughafens stört und sich und andere gefährdet. Rechnen Sie aber damit, daß Sie bei Notlagen eventuell in Ihren Gedächtnis-Leistungen beeinträchtigt sind. Die griffbereite Anleitung bedeutet grundsätzlich für Sie eine Entlastung.

Die Notverfahren in den Flughandbüchern sind meist in folgende Kapitel unterteilt:

1. Triebwerkstörungen
2. Brände
3. Notabstieg

4. Landung mit geringeren Gebrechen am Flugzeug
5. Notlandungen
6. Beenden von Spiralstürzen und Trudeln
7. Störungen in der Kraftstoffanlage
8. Störungen der Stromversorgung
9. Störungen anderer Anlagen
10. Vereisung
11. Notausfahren des Fahrwerks

Was in den Flughandbüchern nicht steht, das ist, wie man sich wieder systematisiert, wenn man sich IFR-verfahrensmäßig vertan hat. Besonders am Beginn Ihrer IFR-Praxis ist es sinnvoll, wenn Sie sich eine Skizze wie etwa diejenige unter dem Kapitel „Finde den Faden"-Regel anfertigen und unter emergency-procedures in Ihr Flughandbuch einheften.

Besonderes Augenmerk verdienen die Stromversorgungsanlagen, elektrische Probleme gehören nicht gerade zu den seltenen Störungen. Was man dabei ohne lange nachzublättern wissen muß: bei einem Elektro-Notfall sofort handeln.

Wenn allerdings eine Sicherung herausspringt, da muß man wissen, daß man sich etwa 3 Minuten lang mit dem Wiedereindrücken zu gedulden hat, man beschädigt sonst den Sicherungsautomaten (Bimetall) selbst und stellt unter Umständen durch Verschmelzung von Kontakten erst recht eine nicht mehr trennbare Stromverbindung her!

Springt eine Sicherung ein zweites Mal heraus, ist ein Schaden anzunehmen und die Unterbrechung dieses Stromkreises zu belassen.

Bei Verdacht auf Elektro-Brand ist unbedingt nach Handbuch zu verfahren. Nach Möglichkeit wäre es technisch das beste, unverzüglich den Hauptschalter und die Generatoren auszuschalten und auf dem nächsten geeigneten Flugplatz zu landen.

Bei Ausfall der Generatoren zählt jede Minute, in der Sie durch sofortiges Ausschalten der nicht unbedingt nötigen Verbraucher

Batteriestrom sparen; Sie benötigen diesen dringend für den Sprechfunkkontakt und gegebenen Falles zur Funknavigation in Instrumentenflug-Wetterbedingungen, sowie eventuell zum späteren Ausfahren des Fahrwerkes.

Ein Grundsatz bei Elektro-Notfällen ist:

| |
|---|
| Funkkontakt ist wichtiger als Radio-Navigation |

Das heißt: Nötigenfalls sind alle elektrischen Verbraucher bis auf ein Sprechfunkgerät auszuschalten, denn solange Sie noch Sprechfunkkontakt haben, kann man Ihnen in Vielem helfen, und man kann Sie mittels Radar führen oder peilen und mit QDM versorgen.

Wenn Sie noch eine lange Strecke vor sich haben und feststellen, daß sich die Batterieladung dem Ende zuneigt, dann fahren Sie das Fahrwerk von vornherein von Hand aus, ohne die elekrische Betätigung zu versuchen; die letzten Stromreserven der Batterie können nämlich entscheidend sein, ob Sie sich von der Bodenstelle noch heruntersprechen lassen können bzw. ob Ihnen noch ein ILS-Anflug möglich ist, oder nicht.

Sollten Sie durch Notlagen zum drift-down-Verfahren und Fliegen mit Sicht gezwungen sein, so stehen Sie eventuell nach Erlangen der Erdsicht vor dem Problem, bei schlechtestem Wetter im Tiefflug zu einem Flugplatz oder zu einer Notlandemöglichkeit zu gelangen. Der größte Fehler, der hier bei niedrigem Kondensationsniveau gemacht wird, ist hart an der Wolkenbasis oder Hochnebelbasis zu fliegen, anstatt hart am Boden. Die Erfahrung zeigt, daß fast jeder Pilot bei Tiefflügen in Schlechtwetter die Tendenz hat, zu ziehen und möglichst an der Wolkenuntergrenze zu kleben. Der Erfolg davon ist, daß er ungleich schlechter nach vorn sieht, meist und besonders bei Dunst auch schlechtere Schrägsicht zum Boden hat und Hindernisse oder andere Luftfahrzeuge zu spät erkennt. Man muß in einem Not-Tiefflug bei Schlechtwetter so niedrig fliegen, wie es bei Einhaltung der erforderlichen Sicherheitsabstände möglich ist, so daß man den natürlichen

Horizont, das sind die Konturen des Geländes, weit genug vor sich erkennt und sicher darüber hinwegfliegen kann.

Als Schlagwort können wir aufstellen:

| Bei Not-Tiefflügen Konturen fliegen |
|---|

Es ist sehr gefährlich, unter minimalen Sichtbedingungen tief halb in Wolken und halb außerhalb zu sein. Wenn man mit Abstand darunter fliegt, erkennt man rechtzeitig, wo die Wolken aufliegen oder wo Niederschlagsschauer mit Nullsicht stehen. Man fliegt in dem unteren, jedoch ausreichenden Fahrtbereich. Es empfiehlt sich, *ständig den Umkehrkurs im Kopf zu haben.* Wenn man nämlich in hügeligem oder gar bergigem Gelände beim Wenden ein falsches Tal erwischt, kann man plötzlich anstehen und womöglich durch die Talverengung auch nicht mehr umkehren. Im Zweifel entscheidet der Kompaß! Wer es nicht in Bodennähe erlebt hat, kann es sich schlecht vorstellen, wie groß plötzlich der Kurvenradius eines durch Motorausfall behinderten, auf Einmotorenflug umgetrimmten Flugzeugs wird. Beim Wenden in einem Tal hat man das Gefühl, als ob die eigene Einteilung richtig sei und lediglich der verwünschte Berghang sich von der Seite her unerbittlich auf das Flugzeug zubewege.

Sollte der Moment für die Notlandung gekommen sein, — die Prüfpunkte laut Handbuch hat man sich hiefür schon vorher vorbereitet, — gilt gemäß den oben dargestellten Grundsätzen: Lieber rechtzeitig ein zweitklassiges Landegelände wahrnehmen als gar keines. Als weitere Richtschnur gilt:

| „Personensicherheit geht vor Sachschadenvermeidung.“ |
|---|

Bei geringstem Zweifel über die Tragfähigkeit oder Beschaffenheit des Bodens und über die Länge des Geländes ist mit eingezogenem Fahrwerk zu landen. Es zeigt sich immer wieder, daß Bauchlandungen mit leichteren Luftfahrzeugen relativ glimpflich verlaufen. Sie setzen ähnlich wie ein Segelflugzeug mit Kufe auf, nur stehen Sie infolge höherer Reibung innerhalb kurzer Rutschstrecke. In den Flughandbüchern von Tiefdeckern wird allenthalben empfohlen, Notlandungen ohne Klappen durchzuführen, um diese und die Flächen nicht zu beschädigen. Dagegen ist zu überlegen, daß besonders bei begrenztem Gelände eine Klappenstellung von ca. 30° vielleicht das langsamste Aufsetzen erlaubt und die ausgefahrenen Klappen Energie abbauen helfen. Ihre Gesundheit und die der Passagiere ist wichtiger als die Vermeidung von Sachschaden. Festes Anschnallen und sich abstützen sei empfohlen, in vielen Fällen wird sich dann niemand verletzen.

Kapitäne von Schiffen und Flugzeugen sind heute noch die einzigen wirklichen Könige dieser Erde. Seien Sie sich dessen bewußt, daß Sie eine so absolute Macht und Entscheidungsgewalt verkörpern, wie sie sonst kein anderer Bereich der Welt mehr kennt. Seien Sie sich stets darüber im klaren, daß Sie als Flugzeugführer jedes Gesetz brechen, beugen, und allen behördlichen Anordnungen zuwiderhandeln dürfen und müssen, wenn Sie dies nach gewissenhafter Abwägung aller Parameter für die Sicherheit der Flugzeuginsassen als richtig erachten; Sie wissen, daß diese Entscheidungsmacht selbst über eine Notlandung hinaus am Boden weiterreicht; das nationale und internationale Recht räumt Ihnen diese totale Sonderstellung ein.

Dieses Recht verpflichtet aber, daß Sie in einem Notfall auch tatsächlich mit aller Verantwortung Entscheidungen treffen. Richtig entscheiden kann man nur mit Wissen und Können. Stete Weiterbildung ist sohin für jeden Piloten gleichsam absolute Pflicht. Schwerpunkte dieser Fortbildung haben auch zu sein: Verhalten in Flugnot, Notverfahren, und alles, was damit zusammenhängt.

KAPITEL III

# Die Schranken des Wetters

## EINLEITUNG

Frei nach Wilhelm Busch könnte man sagen:

*Wenn einer glaubt,*
*daß er, weil IFR,*
*vom Wetter unabhängig wär',*
*so irrt sich der!*

Was die Schranken durch das Wetter anbetrifft, so glauben Sie nicht, daß Sie bei jedem Wetter fliegen können, weil Sie IFR haben. Eine Fliegerregel sagt, daß beim Instrumentenflug das Wetterproblem genauso da ist wie beim Sichtflug, nur auf eine andere Ebene gehoben.

Beachten Sie zunächst das Problem der Flughafen-Abflug- und -Anflugminima und setzen Sie sich Ihre persönlichen IFR Minima. Mit unrealistischen Minima können Sie sich viele Probleme schaffen. Wie sieht es mit Ausweichmöglichkeiten aus? Wie mit Ihrer Reichweite?

Nebel ist lt. W. Eichenberger der schlimmste Feind der Fliegerei, und bald nach dem Nebel als Feind kommen Gewitter und Vereisung.

Beachten Sie auch jahreszeitliche und orographische Wettergesetze und Zusammenhänge auf etwas höherer Ebene: Sie können beispielsweise nicht einen Anflug für einen Zielflugplatz und

zu einem Zeitpunkt planen, zu dem dort wahrscheinlich die Bora quer über die Landebahn pfeift (Adria-Gebiete). Oder, planen Sie nie einen Nachtflug auf einer Luftstraße, die entlang einer Küste führt; es können Sie dort nachts heftige Gewitterketten erwarten. Solange Sie nicht große Gebirgsflugerfahrung haben oder ein teures Flugzeug fliegen, mit dem Sie sehr hoch steigen können, dann fliegen Sie über die Alpen grundsätzlich nur vormittags! Kontrollieren Sie besonders auf weiteren Flügen regelmäßig Ihre Grundgeschwindigkeit und Ihre Kraftstoffreserven. Winde sind launisch und halten sich oft nicht an die Vorhersagen.
Es gibt den Begriff „meteorologische Navigation“. Heute versteht man darunter allgemein gesprochen nichts anderes als bestmögliche Flugleistung hinsichtlich gegebener Wetterlage. Beim Segelflieger bezieht sich die meteorologische Navigation vornehmlich auf die Wettersituation als atmosphärische Kraftquelle des motorlosen Fortkommens. Im Langstreckenflugverkehr stellt man hauptsächlich auf die großräumige Lage der Druckzentren (Hochs und Tiefs) und den sich daraus ergebenden atmosphärischen Strömungen und Wettererscheinungen ab, wobei die Starkwindbänder (hohe Strahlströme, jet streams) besondere Beachtung finden. In der „meteorologischen Navigation“ für das Instrumentenfliegen mit leichteren Luftfahrzeugen dagegen treten Teilaspekte in den Vordergrund, die mit den folgenden Grundsätzen zu umreißen sind.

*Die „Meteorologische Navigation“-Grundregel:*

1. Planen Sie niemals Flüge bei Gefahr von Nebelbildung auf Ziel- und Ausweichflughäfen.
2. Planen Sie Ihre Flugdurchführung so, daß Sie Gewitterlagen vermeiden.
3. Planen Sie Ihre Flugdurchführung so, daß Sie Vereisungszonen vermeiden.
4. Planen Sie Ihre Flugdurchführung so, daß Sie den Gegenwind vermeiden oder meistern.

*Zu 1.:*
*Nebel* ist Kondensation in bodennahen Luftschichten. Gegenüber Nebel ist man als Pilot eines kleineren Flugzeuges meist machtlos. Bei solchen Gefahrenlagen kann man, wenn überhaupt, Landungen nur für die Mittagsstunden planen. Nebelprognosen sind bekanntlich äußerst problematisch. Die Differenz zwischen Temperatur und Taupunkt (spread) unter Einbeziehung der Windentwicklung und der zu erwartenden Abkühlung bis zum Zeitpunkt der Landung kann zur Beurteilung der Lage bezüglich Strahlungsnebel helfen, wobei man bei kleinem „spread", also geringem Temperaturabstand von der Bedingung, zu welcher sich Nebel bildet, kein Risiko eingehen darf. Die Entstehung von Strahlungsnebel wird weiters durch hohe Luftfeuchtigkeit und windschwaches Wetter begünstigt. In überwiegend stationären Hochdruckgebieten, bei gradientschwachen Wetterlagen und generell in kalter Jahreszeit zollen Sie dieser Gefahr besonderes Augenmerk.

Beachten Sie auch die anderen Nebelarten und die Möglichkeit deren Bildung.

Besonders in Küstengebieten kann Sie der *Mischungsnebel* an der Landung hindern, der dort durch die Mischung verschiedener Luftmassen bemerkenswerter hervortritt.

Sehr häufig kommt es zur Bildung von *Advektionsnebel,* wenn warme und feuchte Luft herannaht, und die Erdoberfläche im Flugplatzgebiet kalt ist.

Für die Praxis unserer Fliegerei zu Zielflugplätzen in hügeligen oder bergigen Geländen ist auch der *Hebungsnebel* wissenswert. Eine Luftmasse gleitet einem ansteigenden Terrain entlang auf, wobei das Terrain gar nicht stark geneigt zu sein braucht und geringe Windgeschwindigkeit genügt. Die Luft kühlt sich adiabatisch ab und erreicht auf einer bestimmten Höhe den Taupunkt, über welcher womöglich gerade Ihr Zielflugplatz liegt. Diese Nebelart ist äußerst schwierig vorauszusagen, da sie zuweilen geringste Änderungen in den Luftströmungsverhältnissen auslösen können.

Zur Nebelbildung bedarf es der Kondensationskerne, die in der Natur gegeben sind von mikroskopisch kleinen Salzkristallen aus dem Meer angefangen bis zu hygroskopischen Partikeln aus Verbrennungsvorgängen. Diese verschiedenen Kondensationskeime sind verschieden stark wirksam. Für die IFR-Fliegerei besonders bedeutungsvoll sind die immer zahlreicher werdenden Kondensationskerne der Luftverschmutzung. Man hat herausgefunden, daß Industrierauch mitunter die größte hygroskopische, also feuchtigkeitsanlagernde Wirkung hat, und die für die Nebelbildung gewöhnlich erforderliche relative Luftfeuchtigkeit von 100% heruntersetzt. H. Herb nennt 96% relative Luftfeuchtigkeit, mit der bereits Nebel entstehen kann.

Bei Flügen in Industriegebiete bei Nebelgefahr rechnen Sie also mit dem Phänomen, daß sich dort Nebel schon ab beträchtlich unter 100% Luftfeuchtigkeit bilden kann.

Denken Sie weiters daran, daß sich Nebel meist sehr rasch bildet; wenn es einmal so weit ist, läßt Ihnen das Tempo der Nebelbildung für eine verspätete Landung praktisch keine Nachfrist. Nebelschwaden verändern die Situation manchmal schlagartig. Besonders bei einem Anflug zur kritischen Abendzeit kann passieren, daß Ihnen bei Beginn des ILS-Fluges die Pistensichtweite z.B. noch mit 1.200 m angegeben wird; bis Sie zum Platz kommen, ist die Pistensichtweite auf 150 m zurückgegangen, und Sie sehen am missed approach point Null.

*Zu 2.:*
Wenn Sie ein kleineres zweimotoriges Flugzeug ohne Wetterradar fliegen, dann bedeuten für Sie die eingebetteten *Gewitter* eine große Gefahr. Wir wissen, daß Hagelschlag an Flugzeugen Totalschaden anrichten kann, daß Blitzschlag durch Ausfall von Geräten und Sprechfunk ein Flugzeug zum Aufschlag bringen kann, und schließlich, daß die Böenbelastung in Gewittern ein Flugzeug vor allem bei Überfahrt demontieren kann.

Wenn Sie nun unbeabsichtigt in Gewitter kommen, oder Ihnen nichts anderes übrig bleibt, als eine Front zu durchqueren, so legen Sie hohes Augenmerk auf die Fahrt. Besonders bei aerodynamisch gut ausgebildeten Flugzeugen erfahren Sie in Aufwindzonen eine derartige Fahrtzunahme, daß Sie unversehens in den gelben Fahrtmesserbereich kommen. Wenn zu den gleichmäßigen starken Aufwinden in den Frühstadien von Gewittern oder in Kumuliwolken sich dann Turbulenzen gesellen, dann sind Sie ebenso unversehens und rasch über den roten Strich hinaus, also über den never-exeed-point mit der Gefahr der strukturellen Überbelastung des Flugzeuges. Bei den Segelfliegern gibt es den Leitsatz „Fahrt ist das halbe Leben", wobei das Beobachten der erforderlichen Mindestgeschwindigkeit gemeint ist. Um ein Wort ergänzt, können wir diese Regel auch auf den Motorflug in Gewittern wie folgt übertragen:

„*Richtige* Fahrt ist das halbe Leben".

Im Englischen hat sich für Gewitterflüge das Schlagwort „first fly the aircraft" herausgebildet. Das Gewitter übt einen größeren psychischen Druck auf den Piloten aus, und dieser soll, wenn es um ihn blitzt, donnert und Böen das Flugzeug schütteln, lediglich fliegen im eigentlichen Sinn des Wortes; wenn man die Fluglage hält und die Fahrt *richtig* hält, wird man das Gewitter meistern und wieder daraus hinauskommen. Andere Verrichtungen wie Sprechfunk usw. sind während der Gewitterphasen von untergeordneter Bedeutung.

Wenn man kein Wetterradar an Bord hat, kann man das ADF als Wetterradar-Ersatz benützen: Die ADF-Nadel zeigt, besonders bei Blitzentladungen, in den Gewitterkern. Der Trick funktioniert besser als man glaubt, das Geheimnis ist dabei nur, daß man erstens ein NDB wählt, welches nicht zu nahe steht, weil sonst die Energie des Senders die Anzugskraft des Gewitters überwindet. Wenn Verdacht besteht, daß der Gewitterkern und das NDB in gerader Linie vor einem auf Kurs liegen, muß man zweitens, sich eventuell nach der Helligkeit der Wolke orientierend, diversion machen. Man nagelt sonst direkt in den Gewitterkern hinein, ohne daß einem die ADF-Nadel irgend einen Hinweis auf die Lage des Kernes liefert, während die Sache schon ganz anders aussieht, wenn man etwas seitlich (natürlich mit Genehmigung von ATC) steht. Phraseologie dabei: „RQ diversion to the left/right due to CB".

Hagel entzieht sich durch sein punktförmiges Auftreten sehr oft dem Wetterbeobachtungsnetz und ist daher seitens der Flugwetterberatung schwer in den Griff zu bekommen. Hagel bringt im allgemeinen ein Flugzeug nicht unmittelbar zum Absturz, kann aber enorme Schäden daran verursachen. Hagel kann sich bekanntlich im oberen Teil von Cumulonimben bilden, wenn Wassertröpfchen gefrieren oder kristallisieren und durch sehr starke, länger andauernde Aufwindströme in Schwebezuständen gehalten werden. Nun vergrößern sich diese Eisgebilde durch die vorhandenen unterkühlten Wassertröpfchen weiter und können zu Hagelkörnern beachtlicher Größe wachsen. Erst nach dem Durchsinken durch die Nullgradgrenze schmelzen die Körner wieder ab, oder werden gegebenenfalls vor Erreichen der Erde ganz aufgelöst.

Aus dieser Darstellung wird verständlich, warum Hagelschäden an Luftfahrzeugen gerade in großen Höhen, etwa zwischen 15.000 und 25.000 ft, vorkommen. Es sei ganz besonders darauf hingewiesen, daß auch im wolkenfreien Raum sehr starker Hagel auftreten kann, wenn durch größere Windgeschwindigkeiten in der Höhe hagelträchtige Cumulonimbuswolken *schief* stehen: Die Hagelschlossen fallen dann leewärts *neben* der Wolke zur Erde!

Für die IFR-Praxis kann folgendes abgeleitet werden:

Der Leitsatz „bei Kaltfronten möglichst hinauf" gilt unter Bedingungen, die die Hagelbildung nach sich ziehen, nur bedingt. Man müßte Flughöhen über ca. 25.000 ft erreichen oder zumindest Höhen, in welchen die gewitterhaften Wolkentürme getrennt aus der Wolkenmasse herausragen. Es leuchtet ein, daß solche Cumulonimbuswolken möglichst an der Luvseite zu umgehen sind. Man kommt dadurch auch nicht so weit von der Luftstraßen-Mittellinie ab. MORA beachten! Auch Starkniederschlaggebiete sind zu umfliegen. Kommt man unversehens in Hagel, ist die Fahrt so weit wie möglich zu reduzieren, denn die Schäden am Flugzeug wachsen mit dem Quadrat der Fluggeschwindigkeit.

Eine Metall-Flugzeugzelle wirkt fast wie ein Faraday'scher Käfig, so daß Piloten und Fluggäste von der unmittelbaren Einwirkung eines Blitzeinschlages im Flugzeug meist geschützt sind. Die Entladungsdochte schaffen aber den Ausgleich der starken elektrostatischen Aufladung in Gewittern nicht mehr, was auch oft die Ursache für den Funkausfall darstellt. Hüten Sie sich somit davor, mit der Hand in die Nähe der Frontscheibe zu gelangen, etwa um zu prüfen, ob der Defroster geht, ja selbst davor, das Instrumentenbrett zu berühren – Sie können sehr starke elektrische Schläge bekommen.

Darüber hinaus stellt H. Aubauer*) sehr anschaulich dar, daß im allgemeinen ein Flugzeug nur mit einem sehr unvollständigen Faraday'schen Käfig zu vergleichen ist, weil:

a) nichtleitende Sektionen in der Außenhaut elektrisch zu große Öffnungen darstellen, man denke allein an die Cockpit-Fenster;

b) leitende Sektionen der Außenhaut nicht ausreichend leitend verbunden sind, wie beispielsweise Übergänge von Rumpf zu Flügel;

c) Blitzströme über Durchführungen von außen in das Innere eindringen können; so führen allenfalls Heizdrähte des Pitot-Rohrs den Blitzstrom direkt in die elektrische Anlage.

Als Auswirkungen atmosphärisch-elektrischer Entladungen an Luftfahrzeugen nennt H. Aubauer gemäß Flugstörungs- und Unfallberichten vor allem: Beschädigungen der Luftfahrzeugzelle, der Navigations- und der Sprechfunkeinrichtungen, der Kraftstoffsysteme, der bordelektrischen Anlagen, Beschädigungen an Fenstern, Brände von Treibstoffbehältern und selbst von Fahrwerkreifen.

*) Hellfried Aubauer: Atmosphärische Entladungen auf Luftfahrzeuge. Zeitschrift Elektrotechnik und Maschinenbau, Jahrgang 95, Heft 9/1978, Springer-Verlag Wien / New York

Die Gefahr, die bei Gewitterflügen in Blitzeinschlägen liegt, ist also nicht durch das Argument des Faraday'schen Käfigs zu verniedlichen.

Laut W. Georgii*) entfallen auf das Temperaturintervall von +3 °  bis −5 °C 78% aller Blitzeinschläge bei Wolkenflügen. Zahlreiche elektrische Entladungen wurden auch in der Mischzone (unterkühlte Wassertropfen und Eiskörner) der Cumulonimben in Höhen um die 7.000 Meter zwischen 0 und −20 °C beim Kontakt fester und flüssiger Niederschlagselemente beobachtet (Gefrierpunktelektrizität). Auch in ungefähr 9.000 m Höhe, im obersten Teil einer Wolke, welcher nurmehr ausschließlich Eiskristalle enthielt, wurden Blitzentladungen festgestellt. Flugzeuge werden selten unterhalb der Wolkenbasis von vertikalen Blitzen getroffen, sondern oft von horizontalen Entladungen im Zentrum oder oberen Teil der Wolke, wobei die Blitzbahn gewöhnlich von einem Flügelendenbereich zum anderen oder vom vorderen Teil des Rumpfes zum Heck läuft. Es gibt übereinstimmende Pilotenberichte dahingehend, daß die ganze Flugzeugkanzel bei Blitzeinschlag in eine Flamme gehüllt war — offenbar von feinsten verdampfenden Metallteilchen herrührend, ohne daß es zu bedeutenden Schäden kam. Meiner Erfahrung nach sind mindestens kleine Brandlöcher am Rumpf oder an den Tragflächen nach Blitzeinschlägen die Regel. An Antennenmasten oder in deren Nähe auf dem Kabinendach habe ich ebenfalls Blitzspuren festgestellt. Zu einem großen Loch kam es einmal an einer Flügelendkante. Flugzeuge müssen nach Blitzeinschlag unbedingt durch fachkundiges Personal auf Beschädigungen kontrolliert werden, weil nicht ausgeschlossen ist, daß lebenswichtige Rudergelenke etc. durch den Blitzschlag Schaden gelitten haben, ohne daß dies von außen erkennbar sein muß. Kleine Löcher an der Außenseite der Zelle werden je nach Herstellervorschrift behandelt, beispielsweise durch einfaches Aufbohren und Einfügen von Nieten zur Abdichtung.

*) Walter Georgii: Flugmeteorologie. Akademische Verlagsgesellschaft, Frankfurt am Main

Äußerst kostspielig ist es leider, wenn ein Blitz in einen Propeller fährt. In diesem Fall bedeutet es die Pflicht, das Triebwerk zur Untersuchung auf innere Schäden zerlegen zu lassen! Schon aus diesem Grund ist unnötiges Einfliegen in Gewitterwolken nicht am Platze. Blitzschlag am Propeller erkennt man u.a. daran, daß der Propeller-Rand mindestens wie von Mäusen zerfressen aussieht.

Nahe Blitze können eine für Minuten anhaltende Blendung hervorrufen. Es ist daher richtig, wenn wenigstens einer der Piloten in der Gewitterphase eine dunkle Schutzbrille trägt. Die Instrumentenbeleuchtung ist auf maximale Stärke zu drehen.

Keine losen Gegenstände im Flugzeug! In den heftigen Böen fliegt das alles umher. Beachten Sie sogar, daß die Mikrophone irgendwo fest eingeklemmt sind, Sie müssen u.U. selbst diese nachher suchen, wobei die Gefahr von Beschädigungen gegeben ist.

Warum in Wolken rotating beacons und strobe lights auszuschalten sind, wurde im Kapitel „Doppelte Sorgfalt-Regel" dargelegt.

*Zu 3.:*
*Vereisung* ist ein umfangreiches, vielschichtiges Problem. Eis ist nach dem Bodennebel der nächste schlimme Feind des IFR-Fliegers, und dieser sollte, besonders in unseren Breiten und in Gebirgsnähe, über diesen Problemkreis außergewöhnlich informiert sein.

Wenn Sie die Flughandbücher einsehen, werden Sie lesen, daß für viele kleinere 2-Mots der Einflug in bekannte Vereisungsbedingungen ausdrücklich verboten ist. Die Flugzeuge sind entweder gegen Vereisung nicht ausgerüstet, oder für schwere Vereisungsbedingungen zu wenig ausgerüstet. Flugzeuge, die in den Vereinigten Staaten hergestellt wurden, können Enteisungsanlagen aufweisen, für die aber das sogenannte Eis-Zertifikat der FAA nicht oder noch nicht erworben wurde (hiefür sind umfangreiche Eis-Tests unter FAA-Aufsicht durchzuführen). Die Enteisungsanlagen stellen oft nur Noteinrichtungen dar, die in unbeabsichtigten Vereisungsbedingungen eine gewisse Hilfe bieten sollen, aber, vielleicht mit Ausnahme der Prop-Enteisung, wesentlich nur kurze Zeit oder überhaupt nicht nützen.

Was sind die Folgen der Vereisung?

Zunächst kommt es zu einer Gewichtszunahme, die sich zweifach schlecht auswirkt: nämlich in einer höheren Überziehgeschwindigkeit und in einer eventuellen unangenehmen Verlagerung des Schwerpunktes.

Eine der gefährlichsten Folgen der Vereisung ist die Profiländerung, wodurch sich Widerstand und Auftrieb zum Schlechteren verändern. Ein Hauptgefahrenmoment entsteht dann, wenn beim Versuch, das Eis abzusprengen, das Eis nur von einer Fläche davonfliegt. Wenn man bereits nahe der Überziehgeschwindigkeit fliegt, führt dies zum Einleiten des Trudelns.

In der Praxis viel zu wenig beachtet ist die Vereisungsgefährdung von Motoren, und zwar nicht nur auf etwaige Vergaser bezogen, sondern bei Einspritzmotoren auch auf die Luftzufuhr. Wenn Sie mit „alternate air" fliegen, kommt warme Luft in den Verbrennungsraum. Warme Luft ist dünner, das Gemisch wird daher zu fett. Abhilfe: Verarmen (lean to max. power).

Mit zum Schlechtesten gehört wohl die Propellervereisung, denn man hat dann statt einer Schraube nur mehr einen Quirl, welcher lediglich die Luft umrührt, aber nicht mehr zieht. Bei ungleichmäßiger Vereisung der Propeller kann es zu solchen Vibrationen kommen, daß die Motoren gerade dann, wenn man Höchstleistung bräuchte, gedrosselt werden müssen. Eine gut funktionierende Prop-Enteisung sollte, gleichgültig ob Ein-Mot oder Zwei-Mot, zu einer IFR-Mindestausrüstung gehören. Sie können sich meist mit einer ganzen Menge Eis am Flugzeug noch davonschleppen, solange der Propeller zieht. Wenn Ihnen die Prop-Enteisungsanlage ausfällt, hilft manchmal folgendes: Sie gehen um 300 bis 400 RPM zurück und schieben darauf die Propellerverstellung wieder rasch nach vorn. Die Propellerblätter biegen sich bei der Erhöhung der Drehzahl durch, und das Eis bricht allenthalben ab, besonders wenn die Propeller vorher mit Anti-Eispasten eingestrichen wurden.

Eisansatz an irgend einer Stelle eines Flugzeuges kann allein bereits Schwingungserscheinungen hervorrufen.

Beachtenwert ist schließlich die Antennenvereisung, denn sie kann letztlich das Wegbrechen von Antennen und damit den Verlust von Funksprechkontakt und Navigationsanlagen bedeuten.

Es gibt hauptsächlich zwei Arten des Eisansatzes:

a) Klareis, das ist ein einheitlicher und durchsichtiger Eisbelag.

b) Rauheis: der Eisansatz ist rauh, milchig-undurchsichtig, höckerig und ungleichmäßig verteilt.

Klareis setzt sich hauptsächlich im Flug durch Kumuluswolken an. Die Aufwärtsströmungen in Kumuluswolken transportieren viel Feuchtigkeit nach oben, die Wassertröpfchen können zu großen unterkühlten Wassertropfen werden. Sie bersten beim Auftreffen auf das Flugzeug, gefrieren im Zerrinnen und überziehen alles mit solidem, klaren Eis. Der Eisüberzug baut sehr rasch auf, ist schwer, und ist schwierig loszusprengen.

Rauheis bildet sich am Flugzeug überwiegend im Flug durch Stratuswolken. Die Wassertropfen sind meist klein und, wenn unterkühlt, gefrieren fast schlagartig beim Aufprall auf die Flugzeugoberfläche. Das rasche Gefrieren ergibt rauhes, milchig aussehendes Eis. Es wiegt nicht soviel wie Klareis, hat aber andere eminente Nachteile; es verändert stark das Profil und erhöht den Widerstand.

Wo ist das Eis? Wie kann man es vermeiden?

Vorbedingung für Vereisung sind: Luftfeuchtigkeit und Gefriertemperaturen. Der Kampf gegen das Eis beginnt am Boden: durch Analyse der Wetterberatung, entsprechende Wahl der Flugroute (metereologische Navigation) und Anti-Eisbehandlung der Flugzeugoberfläche und Propeller mittels glyzerinartigen Lösungen,

Ice-ex oder wie die Produkte heißen mögen. Die geringe Zeit muß man sich nehmen. Doch wohlgemerkt hiebei: die Ausführungen in diesem Buch sind grundsätzlich als Hilfsstellung oder Prophylaxe für ungewollte schwierige Flugsituationen gedacht, und nicht als Rüstzeug für leichtfertige Gewitterflüge oder Animierung zu Flügen in bekannten Vereisungsbedingungen.

Der erste Grundsatz also lautet:

> „Enteisungsmittel möglichst als Eisverhinderungsmittel verwenden."

Entsprechend vorbehandelte boots oder die Propeller nehmen unter Umständen gar kein Eis an oder werden es viel leichter los. Zu diesem Grundsatz gehört auch, daß man beispielsweise die elektrische Propellerenteisung bereits vor dem Rollen einschaltet, um der Anlage die nötige Zeit zur Erwärmung der Propellerblätter zu geben, so daß es beim Flug erst zu gar keinem Eisansatz kommt.

Der zweite Grundsatz lautet:

> „Sichtbare Feuchtigkeit (Wolken, Schneefall, Regen) bei Kältegraden meiden."

Aus der Analyse der Wetterkarten und topographischen Karten sowie der Wetterberatung wissen Sie, wie hoch die $0^{\circ}$-Fläche liegt, wo Fronten zu erwarten sind, wo Tiefdruckgebiete tätig sind, wo Bergzüge liegen, und die Höhe von Wolkenober- und -untergrenzen. Planen Sie Ihren Flug so, daß Ihnen immer ein Fluchtweg oder auch zwei offen stehen! Kaltfronten sind heftiger, sie können viel Eis enthalten, aber man kann sie u.U. rasch durchqueren. Warmfronten sind weniger heftig, oft teilweise geschichtet, dekken aber eine so große Fläche, daß es gegebenenfalls unmöglich sein kann, sie zu durchfliegen.

Die dritte Eis-Grundregel lautet:

| „Bei Eisansatz sofort reagieren.“ |
|---|

Warten Sie niemals, wie sich die Sache entwickelt. Absprengen können Sie das Eis erst ab einer bestimmten Dicke, inzwischen ändern Sie aber die Flugfläche, die Flugroute, oder kehren Sie um.

Eine weitere grobe Daumenregel sagt allgemein:

| „In der Kaltfront steigen, in der Warmfront sinken.“ |
|---|

Es kommt aber immer auf den speziellen Fall an. Warmfronten im Winter können teuflisch sein, nämlich dann, wenn aus der warmen, aufgleitenden Schicht Regen in die darunter befindliche Luft mit Kältegraden fällt. Es kommt dadurch zum gefürchteten unterkühlten Regen, der zu rascher, schwerster Vereisung führen kann. In diesem Fall ist die Abwehrmaßnahme Steigen, um in den höheren warmen Regen zu gelangen. Was geschieht aber, wenn Sie das Steigen nicht mehr schaffen? Damit kommen wir zur vielleicht wichtigsten Verhaltensregel bei Vereisung:

| „Spätestens bei halber tragbarer Vereisung umkehren.“ |
|---|

Wieso bei der Hälfte? Weil Sie bei Ihrem Fluchtweg weiter Eis aufbauen. Sehen Sie vor, daß Sie den Hinflug nicht gerade auf dem minimum level durchführen, damit Sie beim Umkehren noch eine niedrigere Flugfläche zur Verfügung haben, die den Halbkreisregeln entspricht.

Wenn Sie im Zweifel sind, ob Sie eine höhere oder tiefere Schicht aufsuchen sollen, um aus der Vereisungszone zu gelangen, dann lautet die allgemeine Regel (unter Beachtung der Höhe der 0°-Grenze):

„Im Zweifel bei Eis zuerst steigen."

Herunter kommt man immer, wenn man aber zuerst eine tiefere Flugfläche aufsucht und trotzdem Vereisungsbedingungen vorfindet, dann ist es nachher doppelt schwierig zu steigen. Es ist auch allgemein zu sagen, daß bei sehr tiefen Temperaturen weniger oder kein Eisansatz vor sich geht. Ideal wäre immer, on top über dem Wettergeschehen im Sonnenschein zu fliegen. Innerhalb der Tops aber erfolgt oft starke Vereisung.

Für den Alpenflieger wichtig ist die orographische Komponente. Gebirge lösen Aufwinde aus, und diese bedeuten erhöhte hochgewirbelte Feuchtigkeit und demzufolge mehr Eis. Die Gegenmaßnahme bedeutet:

„Vor erwarteten Wolken rechtzeitig steigen."

Wie oft scheitert fast ein Flug von Italien, Start bei schönem Wetter, IFR über die Alpen daran, daß übersehen wurde, rechtzeitig ATC-Freigabe für die höhere Mindestflugfläche über den Brenner zu beantragen. Das Flugzeug baut in relativ harmlosen Kumuli vor den Alpen etwas Eis auf, welches genügt, daß man die vorgeschriebene Flugfläche nachher nicht mehr schafft.

Der eingangs des Buches erwähnte Merkspruch

Bei Vereisung nicht mit Gewalt die Höhe halten,
sonst ist sie ganz weg

ist bedeutungsvoller, als man beim ersten Hinsehen annehmen möchte. Es geht eine Reihe von Flugunfällen bei IFR-Flügen auf Vereisung mit in der Folge Abkippen durch die höhere Überziehgeschwindigkeit zurück, wobei es den Piloten nicht mehr gelang, das Flugzeug aus dem anschließenden Trudeln oder Spiralsturz rechtzeitig herauszunehmen. Es ist daher unbedingt zu versuchen, eine möglichst optimale drift down-Geschwindigkeit zu finden, wenn man die Höhe wegen Vereisung nicht mehr sicher halten kann. Voraussetzung für das Meistern der Situation ist, daß man richtig entschieden hat umzukehren oder einen anderen möglichen Fluchtweg einzuschlagen.

Einer Flugzeugbesatzung unterlief folgendes: Auf einem IFR-Flug von Süden über die Alpen nach Norden geriet das Flugzeug, in Wolken fliegend, in eine Mischzone von Eiskristallen und unterkühlten Wassertropfen, was zu rasch aufbauender Vereisung des Flugzeuges führte. Der Pilot unterschätzte die Situation und entschloß sich nicht rechtzeitig umzukehren, hoffend, daß er nach Durchflug der Vereisungszone wieder wolkenfreien Raum zwischen den Cumulonimbusköpfen finden werde. Die Hoffnung erfüllte sich für den Piloten nicht: die Bewölkungsobergrenzen stiegen weiter an und auch im höchstmöglichen Flugniveau des Flugzeuges wuchsen die Wolkentürme zusammen. Es gelang nur teilweise, das Eis loszusprengen, und das Flugzeug konnte infolge der Vereisung nicht mehr auf der Flugfläche gehalten werden. Die im drift down an Hand der Fahrt und des Sinkens durchgeführte überschlägige Berechnung ergab, daß weder nach vor noch nach zurück mehr freies Gelände unter der Wolkenbasis erreicht werden konnte. Das Flugzeug, immer in Wolken, geriet rasch unter die nächst gelegenen Bergspitzen und sank ständig weiter. Der Pilot unternahm den verzweifelten Versuch, an Hand von mitgeführten Sichtflugkarten unter genauestem Einhalten von Kursen und Flugsekunden den Verlauf der Täler ohne Sicht auszufliegen. Mit einer unglaublichen Portion von Glück geriet er tatsächlich, in niedriger Höhe fliegend, im Voralpenland aus den Wolken. Die Betonung muß bei Vereisungsverhältnissen somit unbedingt auf dem rechtzeitigen Umkehren liegen, nur dann kommt ein eventuell nötiges drift down-Notverfahren wegen Vereisung noch sinnvoll zur Geltung. Das Höhehalten um jeden Preis an der Überziehgeschwindigkeit aber ist tödlich. Es ist u.a. ein Fall bekannt, bei welchem ein Flugzeug über Gebirgen infolge Vereisung abkippte, wobei der Sprechfunkkontakt zwischen Piloten und ATC bis zum Aufschlag des Flugzeugs bestand, aber es konnte vom Boden aus niemand helfen.

Denken Sie daran, daß Sie bei hohen Flügen in sehr tiefen Temperaturen unbedingt dem Benzin Isopropylalkohol zusetzen müssen. Sie fliegen sonst geradewegs in die Katastrophe, weil Ihnen das Benzin ausflockt.

Denken Sie auch daran, daß die Flugverkehrskontrolle Verkehrsstauungen haben kann und Sie am Zielflughafen eventuell warten müssen. Es hat wenig Sinn, daß Sie über der Wolkenobergrenze im Sonnenschein ankommen, dann ein Stück sinken und in stärkster Vereisung Warteschleifen fliegen. Der Sinkflug geht rasch vor sich und Sie werden ihn beim Durchstoßen von Vereisungszonen noch beschleunigen. Die Situation läßt sich mit ATC besprechen, so daß Sie Ihre Wartevolten nicht unter Vereisungsbedingungen fliegen. ATC muß und wird auf Ihre Wünsche eingehen, aber Sie dürfen nicht erwarten, daß Ihnen die Flugverkehrskontroll-Beamten das rechtzeitige Denken abnehmen.

Wenn Sie aus starker Vereisung hinausmanövrieren, dann bewegen Sie die Ruder stetig; es gibt Flugzeuge, die bei Vereisung zu Ruderblockierung neigen.

Oft friert die Trimmung unter Vereisungsbedingungen ein. Betätigen Sie dann nicht mehr die elektrische Trimmung, Sie können diese ruinieren.

Was bleibt zu tun, wenn die Frontscheibe zugefroren ist, und Sie unter Frostgraden bei ausgefallener Scheibenenteisung landen müssen? Sie müssen bei der Landung nach vorne sehen können, und sei das Guckloch noch so klein. Bei manchen Flugzeugen ist es möglich, durch das Seitenfenster hindurch nach vorne zu greifen und mit einem scharfkantigen Gegenstand ein Sehloch zu kratzen. Es ist vielleicht nicht schlecht zu wissen, daß diese Gefahrenlage bereits vorgekommen und vom Piloten auf obige Weise gelöst worden ist. Wenn Sie unter Vereisungsbedingungen landen müssen, lautet die allgemeine Verhaltensregel: volle Heizung auf defrost und das schon vor dem Sinkflug, auch wenn es in der Kabine höllisch heiß wird.

*Feuchtigkeit und Kälte am Boden*

Vergessen Sie nicht, daß Vereisung auch an einem am Boden stehenden Flugzeug entstehen kann. Schon Rauhreif an parkierten Flugzeugen ist aus den weiter oben dargestellten Gründen sehr gefährlich und ist unbedingt vor dem Start zu entfernen. Die Veränderung der Auftriebseigenschaften des Profils ist gerade am Boden von großer Bedeutung, weil der Start eines Flugzeuges bis zum Erreichen einer bestimmten Mindesthöhe ohnedies einen kritischen Flugabschnitt darstellt, für welchen besonders einwandfreie Auftriebsverhältnisse der Flächen gebraucht werden.

Auch harmlos aussehender Schneefall bedeutet absolute Gefahr. Etwa zwei Drittel des Auftriebes entstehen ja an der Flügeloberseite und es leuchtet somit ein, daß durch Störung dieser Oberseite wesentliche Anteile der Auftriebskräfte verloren gehen. Es nützt daher wenig, wenn Sie ein beschneites Flugzeug sorgfältig abkehren und dann in einem Schneeschauer zum Start rollen. Selbst die vermeintlich wenigen Flocken, welche an den Flächen kleben bleiben, können Ihre Startstrecke gefährlich verlängern oder die erforderliche Steigrate zu Fall bringen. Eine große Anzahl der Flugunfälle geht auf Flugzeuge zurück, die am Boden vereist oder beschneit waren.

Wo immer möglich, hangarieren Sie; es ist billiger, als das Flugzeug enteisen zu lassen, oder schließlich die späteren teuren Gerätereparaturen vornehmen zu müssen.

Sollte es dennoch nötig sein, das Flugzeug mit Enteiserflüssigkeit zu behandeln, dann muß diese wieder sorgfältig entfernt werden. Enteiserflüssigkeiten ziehen oft selbst wieder Feuchtigkeit an, und beim Start könnte die Verdunstungskälte wiederum Vereisung verursachen.

*Winterbetrieb*

Bedenken Sie, daß beim *Winterbetrieb* überall Gefahren lauern, selbst beim Hangarieren. Es kann nämlich vorkommen, daß das

Flugzeug äußerlich abgetaut und trocken erscheint, während das durch Fugen eingedrungene Schmelzwasser noch nicht verdunstet ist. Wenn Sie danach in Kältegrade kommen, kann Ihnen die Steuerung plötzlich einfrieren. Vorsicht also besonders bei kurzfristigen Flugintervallen in solchen Verhältnissen.

Vorsicht selbst beim Rollen im Winterbetrieb. Hochgespritztes Pfützenwasser oder hochgespritzter Schneematsch können an Ihrem Flugzeug später durch Gefrieren Störungen hervorrufen.

Sogar beim bloßen Rollen gibt es an nebeligen kalten Herbst- und Wintertagen Propellervereisung. Diese kann so stark sein, daß während des Rollens vom Abstellplatz bis zur Piste an den Nasen der Propellerblätter dicke Klareisansätze entstehen. Weiters bilden die Tröpfchen, die durch die Fliehkraft vom Propellerzentrum nach außen rinnen und dabei gefrieren, parallele Eiswülste und Eisrillen an der Innenseite der Propellerblätter. Diese parallelen Eiswülste können fingerdick werden. Sie verlaufen in einer Art diagonalem Muster nach außen und erinnern an die Fläche einer Wäscherumpel. Ein solcher Propeller ist praktisch unbrauchbar. Man versteht, daß dann ein Startversuch ohne wirkungsvolle Propellerenteisung verantwortungslos wäre, und weiters, daß es zu spät sein kann, die Propellerenteisung erst am Haltepunkt einzuschalten.

Sogar bei Temperaturen knapp über 0 Grad C genügt oft schon der beim Rollen entstehende Unterdruck an Profiloberseiten (Flächen, Propeller), und die damit verbundene Abkühlung der Luft, um Vereisung am Flugzeug und besonders an den Propellern hervorzurufen, die man vom Cockpit aus gar nicht wahrnimmt.

Ich machte zahlreiche Rollversuche mit ausgeschalteter Propellerenteisung in gefrierendem Nebel, wobei sich jedes Mal das fast gleiche Vereisungsbild der Propeller wie folgt ergab: Dicke Wülste aus Klareis oder aus einem Mittelding zwischen Klareis und Rauheis an den Nasen der Propellerblätter, eine relativ glatte, nach rückwärts auslaufende Eisschicht an den Profiloberseiten und die oben beschriebenen Eiswülste an den Profilunterseiten der Propellerblätter. Dieses Erscheinungsbild ergab sich auch an einem kalten, dunstigen Wintertag, an welchem die Sichtwerte deutlich über denen des Nebels lagen. Daraus ergibt sich, daß selbst „unterkühlter Dunst" genügt, um in relativ kurzer Zeit Propellervereisung nach sich zu ziehen. Ich rollte dabei mit den üblichen 1.000 RPM.

An einem anderen dunstigen Vormittag froren mir während des Rollens vom Hangar bis zum Abstellplatz selbst bei Wärmegraden u.a. die Fenster des Flugzeugs komplett zu. Die Erklärung hiefür war darin zu suchen, daß das Flugzeug in einer ungeheizten Halle hangariert und von nächtlichen Frostgraden stark abgekühlt war. In diesem Zusammenhang ist zu erwähnen, daß auch nach raschen Sinkflügen aus großer Höhe manchmal beachtliche Vereisung am Flugzeug auftreten kann, wenn das unterkühlte Flugzeug in warme, feuchte Luft absteigt. Bei entsprechenden Bedingungen ist daher mit diesem Phänomen zu rechnen und rechtzeitig die Propellerenteisung und die Frontscheibenheizung einzuschalten, sowie pitot-heat/vent-deice auch nach dem Eintauchen in Wärmegrade eingeschalten zu belassen.

Der Vollständigkeit halber sei noch darauf hingewiesen, daß die Benützung von Vorwärmanlagen beim Anlassen der Motoren bei Kältegraden letztlich doch am billigsten kommt. Zunächst sind die Luftschrauben gegen die Drehrichtung durchzudrehen, damit das erstarrte Schmieröl gelöst und verteilt wird. Lose Eisbrocken gehören ebenso wie Steinchen aus den Propellerbereichen entfernt. Bei Glätte muß das Flugzeug mit Bremsklötzen gesichert sein. Die Anlaßvorschriften des Herstellers sind genau einzuhalten, zuviel Einspritzen bedeutet Brandgefahr. Ein Helfer muß mit einem Feuerlöscher in unmittelbarer Nähe bereitstehen. Die Kapazität einer Batterie vermindert sich durch niedere Temperaturen, und leere Batterien können Generatoren so stark mitbelasten, daß diese eventuell ausfallen. Die Benützung einer Fremdstromquelle über Außenbordanschluß ist sohin beim Anlassen in Erwägung zu ziehen.

Achten Sie weiters bei Benützung von Heizungsanlagen im Flugzeug auf Ermüdungserscheinungen von Besatzung und Passagieren; das kann ein Warnsignal über undichte Heizungsanlagen und giftige Gase in der Kabine sein.

*Zu 4.:*
Was die meteorologische Navigation hinsichtlich des *Gegenwindproblems* anbetrifft, so beachten Sie hiebei, daß Gegenwind Ihre IFR-Reichweite ganz erheblich herabsetzt. In den USA hält man sich zuweilen an die Faustregel, daß Sie bei kleineren zweimotorigen Flugzeugen von der Gesamtflugdauer rund zwei Stunden streichen müssen, um im allgemeinen die Erfordernisse für Umkehr oder Ausweichflugplatz erfüllen zu können. Bei einem Flugzeug mit 4 Stunden Gesamtflugdauer können Sie also für IFR überschlägig mit 2 Stunden rechnen, bei einem Flugzeug mit 6 Stunden Gesamtflugdauer nur mit 4 Stunden IFR. Das sind nur Faustregeln zur Demonstration, Sie müssen selbstredend im Einzelfall Ihren Flug genau durchkalkulieren. Lassen Sie sich aber für nicht angesagte Gegenwinde ein dickes Polster. Analysieren Sie auch die Wetterberatung genau, es ist schon vorgekommen, daß der Wind in größeren Höhen 180° unterschiedlich zu den Winden in tieferen Flugflächen blies. Meist nimmt der Wind mit der Höhe zu, womit man ganz grob gesprochen hier die Unterregel

„Bei Gegenwind tiefe FL, bei Rückenwind hohe FL“

aufstellen kann.

In der Flugpraxis kaum beachtet ist die Tatsache, daß auch im Mittelstreckenbereich bei Vorliegen mehrerer möglicher Streckenführungen auf diesen unterschiedliche Luftströmungen vorherrschen können, so daß der weitere Weg manchmal rascher den Zielflughafen erreichen läßt, als eine an sich kürzere Luftstraße. Eine genaue Beachtung der Höhenwindkarten unter Zusammenarbeit mit dem Flugwetterberater wird auch unter diesem Aspekt von Vorteil sein.

Im Zusammenhang mit Wind und Wetter sind noch drei Begriffe für das praktische Instrumentenfliegen von Bedeutung, das ist der *„Punkt gleicher Zeiten“* (point of equal times), der *„letzte Umkehrpunkt“* (point of no return) und der *„letzte sichere Umkehrpunkt“* (point of save return). Für die drei Formeln merkt man sich am besten: links stehen die Zeiten, rechts stehen die Geschwindigkeiten.

$$\text{PET:} \quad \frac{t_{\text{out to PET}}}{t_{\text{FPLN}}} = \frac{V_{g\,\text{back}}}{V_{g\,\text{out}} + V_{g\,\text{back}}}$$

Das Ergebnis ist eine abgeflogene *Zeit* und nicht ein Punkt, den wir auf der Karte suchen müssen. Wenn man diese Zeitspanne weiß, kann man bei Motorstörung oder Ausfall eines Motors feststellen, ob der Zielflughafen oder der Ausgangsflughafen rascher zu erreichen ist.

Nach Überfliegen des „letzten Umkehrpunktes" (point of no return) reicht der Kraftstoffvorrat zu einer Rückkehr zum Ausgangsflughafen nicht mehr aus. Der Flug kann nur mehr zum Zielflughafen fortgesetzt werden. Die Proportion ist ähnlich der obigen und lautet:

$$\text{PNR:} \quad \frac{t_{\text{out}}}{t_{\text{max}}} = \frac{V_{g\,\text{back}}}{V_{g\,\text{out}} + V_{g\,\text{back}}}$$

Je größer die Kraftstoffreserven, desto näher wird dieser Punkt an den Zielflughafen heranrücken, wobei für den Piloten wieder die durchflogene Zeitspanne Grundlage für seine Entscheidung darstellt.

Z.B.: Ermittelte $V_{g\,\text{out}}$ 137 KT<br>
$V_{g\,\text{back}}$ 126 KT<br>
Summe 263 KT

END = Höchstflugdauer ausgedrückt in Flugzeit $03{:}15^{h}$<br>
entspricht 195 min.

$$\text{Lösung:} \quad \frac{126}{263} \times 195 = \underline{1:33}$$

Die Kenntnis der Formel für den „letzten sicheren Umkehrpunkt" ist besonders für Instrumenten-Streckenflüge mit leichteren Luftfahrzeugen unerläßlich. Vor allem bei Flügen über das offene Meer sowie in Südeuropa und Nordafrika sind die erhältlichen Informationen über Winde und die übrigen Wettererscheinungen nicht immer vollständig. Einen großen Risikofaktor darüber hinaus stellt die Möglichkeit der raschen unvorhergesehenen Änderung von Wind und Wetter dar.

$$\text{PSR:} \quad \frac{t_{\text{out to PSR}}}{t_{\text{max save}}} = \frac{V_{g\ \text{back}}}{V_{g\ \text{out}} + V_{g\ \text{back}}}$$

Z.B. Ermittelte $V_{g\ out}$ 137 KT
$V_{g\ back}$ 126 KT
Summe 263 KT

END = Höchstflugdauer ausgedrückt in Flugzeit 03:15$^{h}$
abzüglich mindestens:

*ICAO-Reservezeit für Propellermaschinen* − 01:10
02:05

entspricht 125 min.

$$\text{Lösung: } \frac{126}{263} \times 125 = \underline{60 \text{ min.}}$$

Dieser Punkt liegt also näher zum Ausgangsflughafen als der point of no return. Das Überfliegen des point of save return bedeutet daher nicht, daß man nur mehr den Zielflughafen ansteuern könne, es wird aber zweckmäßig sein, schon bis zu diesem Punkt die Entscheidungsgrundlagen für eine Umkehr oder für den Weiterflug eingeholt zu haben; das sind die Wetterentwicklung auf dem zweiten Teil der Strecke und die Entwicklung auf den Ziel- bzw. Ausweichsflughafen. Wenn Sie keinen Funkkontakt bekommen, haben Sie keine Scheu, sich mittels unterwegs befindlicher Verkehrs- oder Militärmaschinen zu informieren. Die hochfliegenden Flugzeuge haben einen besseren Überblick, wo die

Schlechtwetterzentren liegen und machen außerdem nötigenfalls für Sie Relais. Ein verantwortungsbewußter Pilot wird Streckenführung und Kraftstoffreserven dergestalt planen, daß sie den aktuellen Gegebenheiten entsprechen und nicht nur dem gesetzlichen Minimum. Nach Überfliegen des point of no return gibt es ja kein Zurück mehr, man muß dann auch eventuell unangesagte oder unvorhergesehene Gewitterlagen umfliegen oder durchfliegen können. Übersehen Sie dabei nicht, daß ein Eisansatz am Flugzeug Ihre Fahrt stark vermindern kann — beispielsweise 30 Knoten Fahrtverlust sind nicht ungewöhnlich — und Ihre Reichweite, womöglich gepaart mit einem auffrischenden Gegenwind, erheblich herabsetzt. Sicherlich werden Sie das Eis auch in Kältegraden außerhalb von Wolken durch Sublimation wieder los, aber das dauert entsprechende Zeit.

Wenn Sie bei leichtem Eisansatz Ihre Motorleistung etwas nachregulieren, um Fahrt zu halten, so kann das Ihre Höchstflugdauer beachtlich vermindern und das Neudurchrechnen obiger beiden Gleichungsansätze erforderlich machen.

In diesem Zusammenhang ein Wort zu den nicht mehr aktiven Gewittern: Es kommt vor, daß vor einem Gewittertürme in voller Gestalt, mit hoher Erstreckung und Amboß stehen, in welchen aber keine Aktivität mehr vor sich geht. Man erkennt diese z.B. daran, daß sie keine sehr scharfen Konturen mehr aufweisen, die seitlichen Quellungen fehlen, und anstelle von Schattierungen meist ein einheitliches Grau vorliegt. Für den Ungeübten sehen diese Gebilde noch immer bedrohlich aus, man darf sich aber durch sie nicht täuschen lassen. Man wird bei einem unvermeidlichen Einflug selbstredend vorsichtshalber alles Lose in der Kabine sorgfältig verstauen, alle Insassen werden fest angeschnallt sein; pitot-heat, vent-deice, prop-deice, defroster und Instrumentenbeleuchtung sind eingeschaltet, Drehlicht und Blitzleuchten ausgeschaltet, damit man dann möglichst nichts mehr am Instrumentenbrett berühren muß. Man wird aber meist beim Einflug schon merken, daß die sonst in einem aktiven Gewitter erfolgenden Ab- und Aufwindstöße fehlen. In einem dergestalt zusammensinkenden Gewitterturm vor der Auflösung herrschen vielfach recht gleichmäßige Abwinde, keine Blitzentladungen, keine nennenswerte Vereisung, nichts; nur, daß die Konturen des Gebildes noch voll dastehen, daß man nichts sieht und eben nach Instrumenten fliegen muß. In diesem Fall zu halten oder auszuweichen wäre unter Umständen die Aufgabe von sonst für Anflüge oder für Ausweichhäfen zur Verfügung stehenden wertvollen Kraftstoffreserven.

Für eine rasche, überschlägige Kontrolle der Treibstoffsituation auf Strecke eignet sich folgende Gleichung:

$$\frac{\text{fuel required (x)}}{\text{distance to go}_{\text{NM}}} = \frac{\text{fuel flow}}{\text{GS}_{\text{kt}}}$$

$$x = \frac{\text{distance to go}_{\text{NM}} \times \text{fuel flow}}{\text{ground speed}_{\text{kt}}}$$

# Schlußwort

Instrumentenflug mit leichteren Luftfahrzeugen ist ein unerhört komplexes Problem. Ermüden Sie nie, Fachartikel auszuschneiden, Unfallberichte zu sammeln, sowie ab und zu einen Einmotoren-Flug in größerer Höhe zu trainieren und Instrumenten-Übungsanflüge zu machen. Seien Sie nicht nur Flugzeugführer, sondern bleiben Sie es auch, das heißt, halten Sie Schritt mit der Entwicklung und bilden Sie sich ständig weiter. Sie werden Spaß an der Sache haben — und länger leben.

Es wurde in dieser Arbeit versucht, rein praktische Seiten des Instrumentenfliegens zu beleuchten, über die derzeit im IFR-Schrifttum fast nichts zu finden ist. Der Verfasser versuchte ferner, verschiedene Merkregeln als Schlagworte zu schöpfen, wie sie als Gedächtnisstützen und als Leitsätze bei erforderlichen raschen Reaktionen und Entscheidungen nützlich sind, wobei solche Gedächtnisbrücken aber profundes Wissen nicht ersetzen sollen. Sicherlich sind diese Regeln und Schlagworte auch noch zu verbessern und zu ergänzen, und es sei mit diesem Anfang etwas gesät, das Früchte tragen möge.

# Anhang

**WETTERSCHLÜSSEL-MINDESTKENNTNISSE FÜR DIE PRAXIS:**

Als Sportflieger werden Sie schon so manches Abenteuer im Ausland hinter sich haben. Da es manchmal unmöglich ist, in verständlichem englisch die erforderliche Wetterberatung für IFR-Flüge zu erhalten, wird wohl nichts anderes übrig bleiben, als auch *nach* der IFR-Prüfung ein gewisses Minimum an Wetterschlüssel-Kenntnis weiter zu behalten.

Die Ausführung der Wetterkarten und Schlüssel ist auf Grund internationaler Übereinkommen in fast allen Ländern gleich (die USA tanzen leider aus der Reihe). Somit vermittelt zunächst die Kartenwand bei MET einen Überblick über die Wettersituation. Scheuen Sie nie, die Wetterkarten am Heimathafen sich stets zur Übung fachmännisch interpretieren zu lassen. Auf dem Umschlag, in welchem Ihnen die Wetterberatung überreicht wird, finden Sie die Wetterkartensymbole abgedruckt. In Verbindung mit den aufliegenden Fernschreibmeldungen können Sie also in der Not Ihr eigener Meteorologe sein:

Für die Praxis des IFR-Fliegers sind aus der Vielzahl der Wetterschlüssel die zwei folgenden die wichtigsten:

| *Schlüssel:* | *Abkürzung:* | *Erklärung:* |
|---|---|---|
| TAF | FC | Terminal aerodrome forecast<br>= Flugplatzvorhersage |
| METAR | SA | Surface actual<br>= Flugwetterbeobachtung |

Der grundlegende Aufbau des TAF- und des METAR-Schlüssels ist gleich. Zu Beginn jeder Meldung steht zunächst, ob es sich um TAF (= FC!) oder METAR (= SA!) handelt, sowie die Gültigkeitsdauer bzw. Beobachtungszeit. (Die Zeit ist äußerst wichtig; wenn diese nicht lesbar ist, versuchen Sie deren Feststellung; ohne diese Vergewisserung ist die Wettermeldung für Sie sinnlos.)

Anschließend folgen: Wind, Sicht, Wettererscheinungen, Wolken, und Zusätze. Zusätze bei TAF sind Änderungsgruppen, wie:

gradu (gradually), tempo (temporary),
inter (intermittent), und prob + % (probability).

Zusätze bei METAR sind: Temperatur/Taupunkt, QNH, und TEND (Tendenz der nächsten zwei Stunden).

Auf dem oben erwähnten Beratungsumschlag finden Sie nun wiederum eine Entschlüsselungsliste für Wettererscheinungen. An sich würde diese Schlüsselzahl, bestehend aus zwei Ziffern vor der englischen Buchstabenabkürzung der Wettererscheinung, diese bereits genau beschreiben. Die englische Buchstabenabkürzung dient nur der leichteren Lesbarkeit für Piloten. Grob gesprochen kann man sagen, je höher die Schlüsselzahl innerhalb einer Gruppe, desto gefährlicher die Wettererscheinung.

Zum Beispiel TAF:

FCOS 100900 =
LOWS 1019 vrb 05 CAVOK GRADU 1214 31010 9999 5 CU 060
TEMPO 1519 30015/25 5000 80 RASH OR 95 TS 3 CB 015
7 CU 020 =

Das heißt:

Vorhersage vom 10. d.M. Erstellungszeit 9 Uhr GMT. Station LOWS (= Salzburg). Gültigkeitsperiode 10 Uhr bis 19 Uhr GMT. Wind variabel mit 5 kt. CAVOK (ceiling und visibility ok = keine Wolken unter 5.000 ft bzw. minimum sector altitude, kein CB, kein Niederschlag und Sicht 10 km oder mehr). Allmählich von 12 bis 14 Uhr GMT Wind 310$^{o}$ mit 10 kt, Sicht über 10 km, 5/8 Cumulus 6.000 ft. Zeitweise zwischen 15 und 19 Uhr GMT Wind 300$^{o}$ mit 15 kt, Böen 25 kt, Sicht 5 km, Schauer oder Gewitter 3/8 Cumulonimbus 1.500 ft und 7/8 Cumulus 2.000 ft. (Verschlüsselung der Sicht in m bis 9.000 = 9 km, 9999 = 10 km oder mehr. Wolkenhöhe = Schlüsselziffer + zwei Nullen: 060 = 06000 = 6.000 Fuß.)

Zum Beispiel METAR:

SADL 041020 =
EDDM 06005 3500 10 BR 5 ST 010 03/02 1010 GRADU 6000 =

Das heißt:

Wetterbeobachtungsmeldung von EDDM (= München-Riem) vom 4. d.M., 10 Uhr 20 GMT.
Wind 060$^{o}$ 5 kt. Sicht 3.500 m. Dunst. 5/8 Stratus 1.000 Fuß. Temperatur 3$^{o}$/Taupunkt 2$^{o}$. QNH 1.010 MB. Allmähliche Sichtbesserung auf 6 km in den nächsten zwei Stunden zu erwarten.

Bei sehr schlechter Bodensicht wird nach der meteorologischen Horizontalsicht zusätzlich noch die RVR (runway visual range = Pistensichtweite) gemeldet:

z.B. ... 0300 R 1200/34 ... =
visibily 300 m Pistensicht runway 34 1.200 m.

Anstelle der Wolken wird bei Nebel bzw. starkem Niederschlag (besonders Schneefall) die Vertikalsicht in folgender Form durchgegeben: 9//003 = Vertikalsicht 300 Fuß.

Zusätzlich verlangen Sie unbedingt die aufliegenden SIGMET, das sind die significant meteorological phenomena = Flugwetter-Gefahrenwarnung.

Mit diesen wenigen Hinweisen können Sie sich bereits die verschlüsselten Wettermeldungen zur Not selber brauchbar deuten.

## PRAKTISCHE UMRECHNUNGSFAKTOREN BZW. -DIVISOREN FÜR DEN GEBRAUCH VON TASCHENRECHNERN

*Für Gewichtseinheiten, Hohlmaße, Kraftstoff:*

| | | |
|---|---|---|
| kg | x 2,2 | = lb |
| l | x 0,264 | = US gal |
| l Flugbenzin | x 1,584 | = lb Flugbenzin |
| | x 0,72 | = kg Flugbenzin |
| US gal Flugbenzin | x 6 | = lb Flugbenzin |
| | x 2,727 | = kg Flugbenzin |
| | x 3,785 | = l Flugbenzin |
| imp. gal | x 1,205 | = US gal |
| l Kerosene | x 1,78 | = lb Kerosene (jet fuel, turbo fuel) |
| | x 0,81 | = kg Kerosene |
| US gal Kerosene | x 6,7 | = lb Kerosene |
| | x 3,04 | = kg Kerosene |

*Für Flughöhen:*

| | | |
|---|---|---|
| m | x 3,28 | = ft |

*Für Längenmaße und Geschwindigkeiten:*

| | | |
|---|---|---|
| NM | x 1,852 | = km |
| st.M | x 1,609 | = km |
| NM | x 1,151 | = st.M |
| m | x 1,094 | = yard |
| inch | x 2,54 | = cm |
| m/sec | x 196,8 | = fpm |

Die angegebenen Zahlen sind, wenn Sie von links nach rechts rechnen, Multiplikatoren, wenn Sie von rechts nach links umwandeln wollen, Divisoren.

**ZUSAMMENSTELLUNG WEITERER PRAKTISCHER ZAHLENANGABEN UND FAUSTFORMELN FÜR UMRECHNUNGEN**

*Gewichtseinheiten, Leistung, Kraftstoff:*

| | | |
|---|---|---|
| Umrechnung | lbs in kg: | $\frac{\text{lbs}}{2}$ minus 10%, aufgerundet |
| | kg in lbs: | kg x 2 + 10% |
| | PS in kW: | 1,36 PS |
| | kW in PS: | 0,736 kW |

Geringster Benzinverbrauch: bei ca. 50% Leistung

Faustformeln Benzinverbrauch bei 75% Leistung:

$$\text{Benzinverbrauch}_{\text{Liter}} = \frac{\text{PS Nennleistung}}{5}$$

$$\text{Benzinverbrauch}_{\text{Liter}} = \frac{\text{kW Nennleistung}}{4} + 10\%$$

*Motoröl:*

| | | |
|---|---|---|
| l Öl | = 0,9 kg Öl | = 2 lbs Öl |
| Quart (qt) | = 1/4 US gal | = 0,946 l |
| qt Öl | = 0,85 kg Öl | = 1,87 lbs Öl |

*Längenmaße und Geschwindigkeiten:*

| | | |
|---|---|---|
| Umrechnung | km in NM: | $\frac{\text{km}}{2}$ + 10%, abgerundet |
| | NM in km: | NM x 2 minus 10%, aufgerundet |
| | m/sec in km/h: | m/sec x 4 minus 10% |
| | km/h in kt: | $\frac{\text{km/h}}{2}$ + 10%, abgerundet |
| | m/sec in kt: | m/sec x 2 |
| | kt in m/sec: | $\frac{\text{kt}}{2}$ |
| | m in ft: | m x 3 + 10% |
| | ft in m: | $\frac{\text{ft}}{10}$ x 3 |
| | fpm in m/sec: | $\frac{\text{fpm}}{200}$ |
| | m/sec in fpm: | m/sec x 200 |

*Druck:*

1 techn. Atmosphäre = 14,2 psi = 28,96 inch HG
1 phys. Atmosphäre = 14,7 psi = 29,92 inch HG

Faustformeln:

Umrechnung psi in atü: $\frac{\text{psi x 7}}{100}$

atü in psi: $\frac{\text{atü x 100}}{7}$

| | | | |
|---|---|---|---|
| 1 bar | = 14,5 psi | = 29,53 inch HG | = 1,0197 atü |
| 1 atü | = 0,9807 bar | = 28,96 inch HG | = 14,2 psi |
| 1016 mb | = 30,00 inch HG | | |
| 1 mb | = 0,03 inch HG | | |

Faustformel:

Umrechnung psi in bar = $\frac{\text{psi x 7}}{100}$, abgerundet

*Temperatur:*

$$T_{Celsius} = \frac{5}{9} \times (T_{Fahrenheit} - 32)$$

$$T_{Fahrenheit} = \frac{9}{5} \times C + 32$$

*Sonstige:*

Temperaturabnahme mit der Höhe: $2^{o}$/1.000 ft
Fahrtmesser-Höhenkorrektur: +2%/1.000 ft Druckhöhe
Fahrtmesser-Temperaturkorrektur: TAS = CAS minus 4 kt/$10^{o}$ unter ISA (bzw. +4 kt/$10^{o}$ über ISA)
Höhenmesser-Temperaturkorrektur: 0,4% Höhenfehler/$1^{o}$ Abweichung von ISA (kälter = geringere Flughöhe, wärmer = größere Flughöhe)
Wolkenbasis (für Konvektionsbewölkung)$_{\text{Fuß über Grund}}$ = spread x 400

## ABKÜRZUNGEN, DEFINITIONEN

| | |
|---|---|
| a.a.O. | am angeführten Ort |
| Act. | Actual |
| ADF | Automatic direction finder = automatischer Peilempfänger = Radiokompaß im Flugzeug |
| ALT | Altitude = Höhe über dem mittleren Meeresspiegel (NN, MSL, MER). Höhenmesseranzeiger bei QNH-Einstellung |
| ALTN | Alternate aerodrome = Ausweichflughafen |
| AP | Autopilot |
| APL | Approach lights |
| APP | Approach = Anflug |
| ASDA | Accelerate stop distance available |
| ASIR | Airport special information and regulations |
| ATA | Actual time of arrival |
| ATC | Air traffic control = Luftverkehrskontrollstelle |
| ATD | Actual time of departure |
| ATIS | Automatic terminal information service |
| ATZ | Aerodrome traffic zone |
| AUW | All up weight |
| AWY | Airway = Luftstraße |
| BC | Bearing change = Peildifferenz, Peilsprung = Differenz zweier Peilungen von der gleichen Navigationshilfe hintereinander erhalten |
| CAS | Calibrated airspeed = RAS = rectified airspeed = Geräteberichtigte Fahrtmesseranzeige |
| CDI | Course deviation indicator = Kursabweichanzeiger beim VOR und ILS |
| CH | Compass heading |
| CL | Clearance; cleared |
| CLG | Ceiling |
| CLL | Center-line lights |
| COAT | Corrected outside airtemperature = angezeigte Außentemperatur geschwindigkeitsberichtigt. Temperaturberichtigung infolge Reibungswärme ist erst ab TAS 200 kt nötig |
| COP | Climb out procedure after take off during IMC |

| | |
|---|---|
| DA | Decision altitude (bei precision appróaches) |
| DENS. ALT. | Density altitude = Dichtehöhe = Druckhöhe temperaturberichtigt = jene Höhe in der Standardatmosphäre, welche der Luftdichte des Flugniveaus entspricht. Benötigt man zur Berechnung von Flugleistungsdaten |
| DME | Distance measuring equipment = Entfernungsmeßgerät |
| EAT | Estimated approach time = voraussichtlicher Anflugzeitpunkt |
| EET | Estimated elapsed time = time en route = voraussichtliche Flugdauer zwischen zwei Punkten |
| EFAS | Electronic flash approach system = Blitzlicht-Befeuerung |
| EGT | Exhaust gas temperature indicator = Abgastemperaturanzeiger |
| ETA | Estimated time of arrival |
| ETO | Estimated time over |
| FAA | Federal aviation agency |
| FIR | Flight information region = Fluginformationsgebiet |
| FL | Flight level = Flugfläche |
| FM | Fan marker = Fächermarker zur Markierung von Meldepunkten |
| fpm | Feet per minute |
| Gate | Ende eines outbound leg |
| GCA | Ground controlled approach |
| GND | Ground = bezogen über Grund |
| GP | Glide path = Gleitweg(-Sender) beim ILS |
| GS | Ground speed |
| H | Height = Höhe über Grund |
| HDG | Heading = Steuerkurs = Richtung der Flugzeuglängsachse |
| HOMING | Anflug einer Navigationshilfe mittels Erfliegen einer stehenden Peilung ohne vorgeschriebenem inbound track |
| HP | Holding pattern = Warterunde |
| HSI | Horizontal situation indicator |
| IA | Intermediate altitude |
| IAA | Initial approach altitude |
| IAL | Instrument approach and landing chart = Instrumentenanflugkarte |
| IAS | Indicated airspeed |
| ICAO | International Civil Aviation Organization |
| i.e.S. | im engeren Sinn |

| | |
|---|---|
| IFR | Instrument flight rules = Instrumenten-Flugregeln |
| ILS | Instrument landing system = Instrumenten-Landeverfahren |
| IMC | Instrument meteorological conditions = Instrumentenflug-Wetterbedingungen |
| INBOUND | Richtung zu einem fixen Punkt (Funkfeuer, Flugplatz etc.) hinzu |
| INTER-CEPTION | Anflug einer Kurslinie mit bestimmtem Winkel. To intercept = „interceptieren" |
| ISA | International standard atmosphere = ICAN-Atmosphere (im Meeresniveau 15° C, 1013 mb, Temperaturabnahme 2°/1000 ft mit der Höhe) |
| i.w.S. | im weiteren Sinn |
| KT | Knots = nautical miles per hour |
| L | Locator = Compass locator = Platz - NDB - Anflugfunkfeuer |
| LC | Landing chart |
| LLZ | Localizer = Landekurssender beim ILS |
| LMM | Locator and middle marker |
| LOM | Locator and outer marker |
| MA | Minimum altitude |
| MAA | Maximum authorized altitude |
| MAP | Missed approach point |
| MB | Millibars = Luftdruck in Millibar |
| MCA | Minimum crossing altitude |
| MDH | Minimum descent height = Abbruchhöhe |
| MDI | Moving dial indicator (ADF)=Anzeigeinstrument mit von Hand drehbarer Skala |
| MEA | Minimum enroute altitude – wird in Jeppesen avigation charts angegeben = die tiefste Flughöhe, welche unter Normalbedingungen auf einer bestimmten Luftstraße geflogen werden darf, und deckt die gesamte offizielle Breite des Airways (normalerweise 10 NM, also 5 NM beidseits der AWY-Centerline), gewährleistet einen minimalen Hindernisabstand (Terrain Clearance) von 1.000 ft, den Signalempfang von VHF COM-, NAV-, sowie LF-Anlagen, berücksichtigt die Vorschriften der zuständigen Luftverkehrskontrolle und allfällige Gefahrenzonen (siehe Hans Heim: Einführung in das Jeppesen Airway Manual, a.a.O.). |
| MFA | Minimum flight altitude |
| MH | Magnetic heading |

| | |
|---|---|
| MIA | Minimum authorized altitude |
| MM | Middle marker = inneres Markierungsfeuer beim ILS = Haupteinflugzeichen |
| MN | Magnetic north |
| Mnemotechnik | Gedächtniskunst = Behalten schwieriger Stoffe durch Gedächtnisbrücken wie Lernverse, Zeichnungen und Assoziationen |
| MOCA | Minimum obstacle clearance altitude |
| MORA | Minimum off-route altitude = eine von Jeppesen berechnete Minimalflughöhe.Sie wird in ft/QNH angegeben und durch ein der Höhenangabe nachgestelltes „a" gekennzeichnet. Eine MORA von 7.000 ft oder weniger schließt einen Hindernisabstand von 1.000 ft ein; über 7.000 ft ist eine Überhöhung von 2.000 ft einkalkuliert. Diese Sicherheitsmarge erstreckt sich über einen Korridor von 10NM beidseits der AWY-Centerline. Im Gegensatz zu MEA gewährleistet die MORA nur die aufgeführte Terrain-, resp. Obstacle-Clearance, nicht aber die übrigen Kriterien! Aus diesem Grunde kann die MORA höher oder tiefer sein als die MEA (siehe Hans Heim: Einführung in das Jeppesen Airway Manual a.a.O.). |
| MRA | Minimum reception altitude |
| MSA | Minimum sector altitude |
| MSL | Mean sea level = MER = NN, bezogen auf den mittleren Meeresspiegel |
| MT | Magnetic track |
| MTCA | Minimum terrain clearance altitude |
| NAP | Noise abatement procedure |
| NDB | Non directional beacon = Ungerichtetes MW-Funkfeuer |
| NM | Nautical miles |
| OBS | Omni bearing selector = Kurswähler beim VOR |
| OCL | Obstacle clearance limit = Hindernisfreiheit, Hindernisfreigrenze |
| OM | Outer marker = Außenmarker = äußeres Markierungsfunkfeuer beim ILS = Voreinflugzeichen |
| OUTBOUND | Richtung von einem fixen Punkt hinweg |
| PET | Point of equal times = Punkt gleicher Zeiten |
| PDI | Pictural deviation indicator (älterer Ausdruck) = HSI |
| PN | Prior notice required |
| PNR | point of no return = letzter Umkehrpunkt |
| POD (TOD) | Point of descent = Beginn des Sinkfluges |
| PPO | Prior permission only |

| | |
|---|---|
| PRESS. ALT. | Pressure altitude = Druckhöhe = die am Höhenmesser abgelesene Höhe, wenn Standard (1013 MB) eingestellt ist. FL und Druckhöhe entsprechen einander |
| PSR | Point of save return = letzter sicherer Umkehrpunkt |
| PT | Procedure turn = Verfahrenskurve |
| QDM | Magnetic track vom Flugzeug zum Funkfeuer |
| QDR | Magnetic track von der Navigationshilfe zum Flugzeug |
| QFE | *Luftdruck* in Platzhöhe. Der darauf eingestellte Höhenmesser zeigt die Höhe über dem Flugplatz an (altimeter setting related to pressure on aerodrome elevation) |
| QNE | Reading on altimeter on landing with scale set to 1.013 mb = die Höhe, welche dem jeweiligen QFE nach ISA entspricht, kurz, Höhenanzeige bei Standardeinstellung |
| QNH | Luftdruck am Flugplatz bezogen auf NN unter Zugrundelegung von ISA-Werten |
| QNH-ALT. | Angezeigte Höhe bei Höhenmessereinstellung auf QNH |
| R | Radial = Die Radiale beim VOR, entspricht dem magnetic track von der VOR-Station zum Flugzeug |
| RAIL | Runway alignment indicator lights |
| RB | Relative bearing = auf die Flugzeuglängsachse bezogene relative Peilung = Anzeige beim Radiokompaß |
| Req. | Requested = verlangt |
| RFC | Route facility chart |
| RMI | Radio magnetic indicator = Radiokompaß verbunden mit Magnetkompaß (automatisch nachgeführte Kompaßrose) in einem Anzeigegerät. Vorteil: abgelesener Wert bezieht sich sofort auf MN |
| ROC | Rate of climb |
| ROD | Rate of descent |
| RVR | Runway visual range = Pistensichtweite |
| RW | Runway |
| RWL | Runway lights |
| SFL | Sequence flashing light = Blitzlicht-Befeuerung |
| SIA | Standard instrument approach |
| SID | Standard instrument departure |
| SRE | Surveillance radar equipment = Rundsichtradar |
| STAR | Standard terminal arrival route |

| | |
|---|---|
| T | Track = Kurs (Kurslinie, Kartenkurs) oder Weg über Grund. To track = fliegen entlang einer bestimmten Kurslinie („tracken") |
| TA | Transition altitude = Übergangshöhe = Höhe über NN (MSL, MER, also QNH-Einstellung), in oder unter der die Flughöhe nach Höhen über NN bestimmt werden = eine konstante Höhe für jeden Flugplatz festgelegt und aus den instrument landing charts ersichtlich |
| TAC | Terminal area chart = Nahkontrollbezirkskarte |
| TAS | True airspeed = Ve = wahre Eigengeschwindigkeit, tatsächliche Geschwindigkeit des Flugzeuges gegenüber der umgebenden Luft = dichteberichtigte RAS, d.i. Berechnung auf Grund des Luftdrukkes (= Höhe) und der Außentemperatur |
| TDL | Touch down zone lights |
| TH | True heading |
| THL | Threshold lights |
| TL | Transition level = Übergangsfläche = niedrigst benützbare FL mindestens 1.000 ft über der TRANS. ALT |
| TMA | Terminal control area = Flugsicherung Nahverkehrsbereich |
| TOC | Top of climb |
| TOW | Take-off weight |
| TRANS. LAY. | Transition layer = Übergangsschicht = Luftraum zwischen TRANS.-ALT. und TRANS. LEVEL. Darin erfolgt beim IFR-Flug die Umstellung des Höhenmessers von QNH auf Standard und umgekehrt |
| TRUE ALT | Tatsächliche Höhe eines Flugzeuges über MSL. Die Differenz zwischen PRESS-ALT und QNH-ALT = Differenz zwischen Standard und QNH umgerechnet in ft, wobei 1 MB rund 30 ft beträgt. Höhenfehler aus Temperatur-Abweichung von ISA beträgt 0,4% je 1° Abweichung |
| TT | True track |
| TVOR | Terminal VOR |
| TWL | Taxiway lights |
| TWY | Taxiway |
| u. U. | unter Umständen |
| U/S | Unserviceable |
| $V_1$, $V_2$, $V_R$ | Regelungen dafür bestehen nur für Flugzeuge mit Zulassung nach FAR 25 (Transport-Kategorie), nicht aber für leichte und mittelschwere Twins nach FAR 23. Hier definiert der Hersteller bestimmte Geschwindigkeiten für das Manual, z.B. „safe single engine speed", deren Zutreffen anhand von Testflügen überprüft werden. |

$V_1$ und $V_2$ dagegen lauten lt. Learjet-Handbuch z.B. wie folgt:

$V_1$ Critical Engine Failure Speed — The speed at which, due to engine failure or other causes, the pilot is assumed to elect to stop, or to continue the takeoff. If engine failure occurs at $V_1$ the distance to continue the takeoff to 35 feet will not exceed the usable takeoff distance; or, the distance to bring the airplane to a full stop will not exceed the accelerate-stop distance available. The engine failure speed, $V_1$, must not be less than the ground minimum control speed $V_{MCG}$, or greater than rotation speed, $V_R$.

$V_2$ Climb Speed - The actual speed at 35 feet above the runway surface as demonstrated in flight during takeoff. This speed must not be less than 1,2 times the stalling speed, or less than 1,10 times the minimum control speed in air, $V_{MCA}$, or less than the rotation speed $V_R$ plus the increment in speed attained prior to reaching a 35-foot height above takeoff surface.

Auf deutsch man allgemein etwa wie folgt formulieren:

$V_1$ (critical engine failure speed, oder decision speed)

Dies ist eine Geschwindigkeit, welche so gewählt wird, daß sie zwischen $V_{MC}$ Ground und $V_R$ liegt, so daß bei plötzlichem Ausfall eines Triebwerkes das Flugzeug in der Lage ist, entweder den Start fortzusetzen und eine Höhe von 35 ft über dem Ende der Startdistanz zu erreichen, oder innerhalb der verfügbaren Stoppdistanz zum Stehen gebracht werden kann.

$V_R$ (rotation speed)

Dies ist eine Geschwindigkeit, bei der die Rotation des Flugzeuges eingeleitet wird. $V_R$ darf nicht kleiner sein als $V_1$ oder 1,05 $V_{MC}$ Air und erlaubt $V_2$ Geschwindigkeit zu erreichen, spätestens bei 35 ft Höhe über der Startbahn.

$V_2$ (take-off safety speed)

Dies ist die Geschwindigkeit, welche der Berechnung der Startflugleistung zugrunde gelegt wird, um den „initial climb out" mit einem ausgefallenen Triebwerk durchzuführen. Sie soll nicht kleiner sein als 1,2 $V_S$ und 1,1 $V_{MC\ AIR}$.

Anmerkung: Es gibt Fluglehrer und Prüfer, die bei Checkflügen mit Beech-Baron oder C 414 etc. den Kandidaten mit $V_1$ und $V_2$ traktieren. Dies ist (beachte obige Ausführungen) unrichtig und unsinnig.

VAR — Variation = Ortsmißweisung

VASI — Visual approach slope indicator = Gleitwinkelbefeuerung

VERVIS — Vertical visibility = Vertikalsicht

VDF — Very high frequency direction finder (auch DF) = homer = UKW-Bodenpeilanlage

VMC — Visual meteorological conditions = Sichtflug-Wetterbedingungen

| | |
|---|---|
| VFR | Visual flights rules = Sichtflugregeln |
| VOR | Very high frequency omnidirectional range = UKW-Drehfunkfeuer |
| $V_W$ | Wingeschwindigkeit |
| WCA | Wind correction angle = Luvwinkel, Windvorhaltewinkel |
| WEF | With effect from |
| WIE | With immediate effect |
| WW | Windwinkel = Winkel zwischen Kurslinie und Herkunftsrichtung des Windes |
| WX | Weather |

## AUSWAHL AUS DER FÜR DIE INSTRUMENTENFLUG-PRAXIS ZU EMPFEHLENDEN LITERATUR


**Navigation:**

Pasteur, P.: Instrumentenflug — Praktische Anwendung der Radio-Navigation. Zürich/Schweiz.

Keller, M./Weber, D.: VOR-Navigation. Becker Flugfunkwerk GmbH, Baden-Baden-Oos. Baden-Baden/BRD.

Lill, W.: Funknavigation für Privatpiloten (ADF und VOR). Steinebach-Wörthsee/BRD.

Heim, H.: Einführung in das Jeppesen Airway Manual. Opfikon/Schweiz.

**Meteorologie:**

Herb, H.: Wetterkundlicher Leitfaden für Motor- und Segelflieger. Steinebach-Wörthsee/BRD.

Eichenberger, W.: Flugwetterkunde. Zürich/Schweiz.

Hellmiss, R.: Meteorologie IFR. München/BRD.

**Flugzeugführungstechnik:**

Lill, W.: Umsteigen auf 2-Mot. Steinebach-Wörthsee/BRD.

FAA: Turbulente Nachströmung (Wake Turbulence). Bern/Schweiz.

**Luftfahrtmedizin:**

Amsler, H.: Flugmedizin für zivile Besatzungen. Bern/Schweiz.


**Anmerkung:** Die Fachschriften sind je Fachgebiet in der Reihenfolge angeführt, wie man sich m. E. am besten in die Gebiete einliest.
Das Erscheinungsjahr wurde nicht angegeben; man wird sich jeweils die jüngste Ausgabe beschaffen.